1,250자에 고쳐 담은 말

기상캐스터와 깐부

1,250자에 고쳐 담은 말

기상캐스터와 깐부

조문환 지음

學而思 | 학이사

1,250자에 고쳐 담은 말

치열한 삶에서 벗어나는 길은 더 치열함을 붙여 보는 것입니다. 글쓰기는 치열함입니다. 치열함에 치열함을 덧대고 보면 내가 살아가는 것이 한층 수월하게 여겨집니다.

그러니 글쓰기는 제겐 숨구멍입니다. 마치 물고기가 수면 위로 튀어 올라와 큰 호흡 하고 다시 수면 아래로 내려가는 모습과 비슷합니다. 의도하지 않게 시작된 글쓰기가 삶을 지탱해 내는 생명선이 되었습니다.

코로나19가 막 시작할 무렵 언론사로부터 청탁받은 원고가 있었습니다. 1,250자 내외로 글을 써야 하는 조건이었습니다. 정해진 기고가 끝나고 3년 반 정도 지속적으로 긴 호흡으로 글을 쓰고자 노력했습니다. 마감이 없음에도 혼자만의 마감을 정했습니다. 마감이 짧을 때도, 무한정의 마감이 주어질 때도 있었습니다. 그랬지만 엄연히 마감은 존재했었습니다.

정해진 글자 수를 지켜 내기 위해서 불필요한 말을

줄이고 고쳐 쓰는 일을 반복했습니다. 스스로 글쓰기 수업을 받은 소중한 시간이었습니다. 글감을 찾게 됐고 사물을 관찰하는 '촉'이 섬세해지고 있다는 것도 깨닫게 됐습니다.

글을 썼던 3년 반의 시간, 코로나19라는 세기적 사건은 인류사에 기록될 만큼의 혹독한 시련이었습니다. 글을 씀으로 견뎌낼 수 있었던 것은 분명합니다. 제 개인의 삶도 그렇게 녹록지 않았지만 글을 고쳐 담으면서 불필요한 것들도 삼갈 수 있었습니다. 분명 글은 제게 견딜 수 있는 버팀목이었습니다.

글은 곧 그 사람이듯 이번의 글 또한 어쩔 수 없이 저 자신과 다름없습니다. 문장마다 옹이가 수두룩할 것입니다. 하지만 옹이도 저의 일부분입니다. 옹이가 나무의 무늬가 되듯 이번의 글도 3년 반을 그려낸 저의 무늬임을 고백합니다.

학이사에서 세상을 향한 숨구멍을 마련해 주셨습니다. 작가에게 책은 곧 세상으로 향하는 길과 같습니다. 그 길에서 독자와 함께 만나게 된 것에 감사합니다.

조문환

차례

1부_ 아래에서 본 우리

슬로니스slowness ······ 12

스키피오의 눈물 ······ 15

광대치레 ······ 18

땅 ······ 21

약속 ······ 24

기막힌 이야기 ······ 27

끄트머리 ······ 30

문화권력 ······ 33

3월의 교실 복도 ······ 36

고양이 방화주의보 ······ 39

외로움 담당 장관 ······ 42

치열함 ······ 45

내 생각에 충실하게 사는 것 ······ 48

7:3의 법칙 ······ 51

경계境界 ······ 54

선한 마음 악한 마음 ······ 57

버추얼에서 루틴까지 ······ 60

그들의 소리가 이긴지라 ······ 63

별의 순간 ······ 66

2부_ 위에서 본 세상

뭉크의 〈절규〉 …… 70

팬데믹 …… 73

이탈리아 …… 76

어떤 확신 …… 79

지속가능성에 걸다 …… 82

예견된 미래 …… 85

우주 한 알 …… 88

시베리아 독수리와 북태평양 연어 …… 91

달 마중, 달마 중 …… 94

이상적 거리 …… 97

닿아있다 …… 100

400억 광년의 환희 …… 103

부존재 경험 …… 106

좋은 모형의 조건 …… 109

불임의 논배미 …… 112

사약私約을 권함 …… 115

하풍죽로당荷風竹露堂을 구함 …… 118

덤벙주초 …… 121

경제논리 생존논리 …… 124

3부_ 안에서 본 나

기상캐스터와 깐부 ······ 128

사이다 ······ 131

걷자생존 ······ 134

뒷모습 ······ 137

그런 말은 말자 ······ 140

비잉과 두잉 ······ 143

자각증상 ······ 146

옅어지다 ······ 149

실패해야 한다 ······ 152

누님세稅 ······ 155

'화개장'으로 ······ 158

강의 단면 ······ 161

영혼을 깨우는 위대한 영혼 ······ 164

통감痛感체감의 법칙 ······ 167

백년손님 사위의 눈물 ······ 170

비난받을 자격 ······ 173

전선戰線이 구축되다 ······ 176

임윤찬과 마린 알숍 ······ 179

어느 정도의 무모함 ······ 182

행간을 넘어 뜻으로 읽음 ······ 185

4부_ 밖에서 본 너

그것은 거짓말 ······ 190

피아니스트 발렌티나 리시차 ······ 193

모티브 ······ 196

무너지다 ······ 199

터, 기억의 다른 말 ······ 202

허수아비 효과 ······ 205

진짜 지리산에 사는 사람은
지리산 사람이라 말하지 않는다 ······ 208

전직죄인前職罪人 ······ 211

여백 ······ 214

전화 한 통 ······ 217

경계표를 옮기는 자 ······ 220

보편성, 중간이 아닌 그 이상의 무엇 ······ 223

인상人相과 가상家相 ······ 226

편견 없음 ······ 229

틈바구니 철학 ······ 232

프리즘 ······ 235

이장학개론 ······ 238

베이스캠프 ······ 241

잼데이 ······ 244

1부

아래에서 본 우리

슬로니스slowness

아주 오래전의 일이다. 수천 마리의 개미가 줄을 서서 어디론가 가고 있었다. 내 걸음으로도 수십 보가 넘었으니 그들의 걸음으로 환산하면 천 리 길 정도의 출애굽 길과 같았을 것이다. 나는 그 모습이 너무 신기하여 바닥에 앉아 지켜보았다. 결국은 작은 터널로 들어가더니 다시 줄지어 나와 처음 출발했던 곳으로 돌아왔다. 이 모습을 보고 시 한 수를 지었던 적이 있다.

개미가 줄지어 가네/ 꼬리에 꼬리를 물고 가네/ 꽁무니에 달고 가네/ 기차처럼 칙칙폭폭 가네/ 어디 가는지 물어보

지 않고 가네/ 앞 개미만 보고 가네/ 줄지어 되돌아오네/
가는 줄 오는 줄 두 줄이 되었네/ 중간에 돌아오지 않네/ 뒤
돌아보지 않네/ 끝까지 갔다 오네

- 「후회하지 않기」

나는 2012년 1년 동안 섬진강 전 구간 212km를 토
요일마다 도보 답사했다. 이때 발견한 철학이 하나 있
다. '작고, 낮고, 느려야 한다'는 것이었다. 그동안 우
리는 '크고, 높고, 빠른 것'에 치중해서 살아왔다. 그러
다 보니 균형이 깨지고 생태와의 불화가 생겨났다. 인
간은 생태계에서 단 한 발도 앞서갈 수 없는 한계를 지
니고 있다.

사람마다 의견은 다를 수 있지만 코로나바이러스
사태는 인류의 욕심이 빚어낸 재앙이다. 얼마나 많이
먹고, 얼마나 잘 입고, 얼마나 많이 다니고, 얼마나 즐
기고, 얼마나 일 많이 하고, 얼마나 원대한 계획 세우
고, 얼마나 좋은 집에 사는가. 여기에 경종을 울려주는
것이다. 우주의 시스템이 알람을 울려주는 것이다. 이
알람에 어떻게 반응하느냐가 앞으로의 일을 좌우할 수
있다.

이것은 어떨까? 슬로니스, 느림. 이것은 단지 느리게 '사는 것'에 국한하지 않는다. 인간성 회복 운동이요, 창조적 원리로 다가가자는 생태 운동이요, 함께 살자는 공동체 운동이요, 철학이요, 생활이다. 오늘날 생겨나는 문제 대부분은 이것과 반대되는 일에서 생겨난 것이다. 이번의 경고성 알람이 우리에게 제시한 길은 그렇게 많지 않다. 두 가지다. 가던 길을 그대로 가든가, 다시 돌아와 느림의 길로 가든가. 이것을 실천하고자 1999년 결성한 것이 슬로시티slow city다. 한국에서는 2008년에 본격 출범했고 하동군은 2009년에 이 운동에 동참했다.

우리는 개미 이상의 존재다. 끝에까지 가서 확인해 봐야 알 수 있는, 그래서 수천 마리의 개미들이 모두 끝까지 가서 확인하고야 돌아오는 그런 정도의 미물이 아니다. 알람만 듣고도 어떤 일이 벌어지는지 직감할 수 있다. 이즈음에서 "슬로니스"로 돌아감이 어떨까?

스키피오의 눈물

　　오늘 조간신문이 배달될 시간이면 국회의원 선거에 출마한 어떤 이는 환호를, 어떤 이는 눈물을 흘리고 있을 것이다. 그중 3백 명은 꽃다발에, 축하 전화에, 방문객에 어지러울 정도로 행복과 환희에 젖어 있을 것이다. 다른 한편 수천 명에 이를 낙선자들과 그의 가족과 후원자들은 눈물을 머금고 가슴을 치며 한탄하고 있을 것이다. 당선자에게는 축하를, 낙선자에게는 심심한 위로를 보내드린다.

　　하지만 승리했다고 너무 기뻐 말자. 패했다고 너무 슬퍼하지 말자. 벚꽃은 불과 10일이면 떨어진다. 끈질기게 오래가는 백일홍도 정작 100일도 못 간다. 내 집

작에 가장 오래가는 꽃은 해당화다. 그래서 '해당화 피고 지는' 노래도 있다. 권력은 무상함의 상징이다. 굳이 먼 나라 이야기 할 필요가 없다. 전직 대통령 두 명이 영어의 몸이 되어있다가 풀려났다. 이에 어떤 말이 더 필요하겠는가?

인류역사상 불멸의 제국이라 할 페르시아, 바벨론, 로마도 결국은 역사의 뒤안길로 사라졌다. 초기 로마제국과 사활을 걸었던 카르타고의 한니발은 자칫 로마를 일찌감치 지구상에서 없애버릴 순간이 있었지만 결국 패했다. 한니발전쟁이라고 할 2차 포에니전쟁 자마전투가 결정적이었다.

한니발전쟁 후에 로마는 카르타고의 부활을 막기 위해 수도 카르타고를 파괴하고 모든 시민은 해안에서 15km 내륙으로 이주할 것을 명령했다. 바다를 주 무기로 삼았던 카르타고로서는 사지가 잘리는 치욕적인 일로 여겼다. 결사항전을 했으나 결국은 패망하고 말았다. 700년 역사의 불사조 같은 나라가 한 줌의 잿더미로 변해버렸다.

3차 포에니전쟁의 로마 장군은 스키피오 아이밀리아누스였다. 그는 카르타고가 불타는 모습을 보고 눈물을 흘렸다. 이를 지켜보고 역사에 기록을 남긴 사람은 그리스인 폴리비오스였다. 번성하는 자는 '반드시' 쇠퇴한다는 것을 보여주는 역사의 현장이었다. 스키피오는 폴리비오스에게 이렇게 말했다. "지금 우리는 과거 영화를 자랑했던 제국의 멸망이라는 위대한 순간을 목격하고 있네. 하지만 지금 이 순간 내 가슴을 차지하고 있는 것은 승리의 기쁨이 아니라, 언젠가는 우리 로마도 이와 똑같은 순간을 맞이할 거라는 비애감이라네." 그러면서 스키피오는 폴리비오스의 손을 꼭 잡았다.

나는 약속할 수 있다. 승리한 승자나 다수당을 차지한 당이나 할 것 없이 오늘의 승리가 영원한 승리가 아니라 자신과 자신의 당도 저들처럼 패하게 될 것이라는 것을 깨닫고 눈물 흘리는 승자나 다수당이 있다면 나는 물론이고 자손 대대로 그 당을 지지할 것이라고. 오늘따라 스키피오의 눈물이 그립다, 이 아침에.

광대치레

내 몸에는 광대 피가 흐르고 있지 싶다. 아버지는 동네 최고의 싱쇠였다. 명절이 되면 아버지는 동네 농악대를 이끌고 온 마을을 휘젓고 다니셨다. 나도 어깨 너머로 피아노와 기타를 약간이나마 익혔으니 끼가 있긴 있었나 보다. 나의 두 아들은 그런 나의 피를 이어받아 일찌감치 기타와 드럼으로 인생승부를 걸었다. 이제 제 밥은 제가 먹을 수 있을 지경이니 공부하라고 뒤꽁무니 따라다니며 잔소리 하지 않은 것만으로도 이 길로 간 것이 잘한 것이라 생각한다.

광대가 최고의 인생으로 화려한 조명을 받는 세상이 됐다. 대한민국 텔레비전 채널마다 광대 뽑기 난장

판이다. 획일화의 다양성이라 해야 할까? 다양한 획일성이라고 해야 할까? 좀 인기 있다고 다 광대는 아니다. 광대는 광대다워야 한다. 광대 피가 흐르지 않고 겉치레만 광대는 광대 아니다. 속과 겉이 일체감을 가진 광대가 되어야 광대다.

광대치레라는 말이 있다. 광대가 지녀야 할 네 가지 자격조건이라고 하는 게 더 쉽게 다가갈 것이다. 첫째가 인물치레다. 뭐니 뭐니 해도 인물이다. 한눈에 느끼는 인상이다. 외모에서 풍기는 성품이다. 둘째는 사설치레다. 옛날 어른들은 말을 잘하는 사람을 '새살 좋다'고 했다. 아마도 이 '사설'에서 나왔지 싶다. 입담이 좋아야 한다는 것이다. 입담뿐 아니다. 판소리를 완창하기 위해서는 길게는 아홉 시간이나 지속되는 가사를 암기해야 한다. 그러니 머리가 좋아야 한다.

셋째는 비로소 득음得音이다. 득음을 하기까지는 피를 토하는 노력과 고통의 시간을 보내야 한다. 천성으로 소리를 가지고 타고났다고 하더라도 인고의 노력을 한 사람의 소리를 따를 수 없다고 한다. 마지막이 너름새다. 인물과 사설이 되고 득음까지 했다 하더라도 손끝으로 표현되는 품새가 살아 있어야 한다. 광대에게 있어서 이 '선'은 화룡점정과 같다. 그러니 타고난 천성에 문학과 음악, 연극과 같은 통합적 엔터테이너가 광대다. 인물은 타고난 것이므로 노력으로 될 것이 아니나 사설과 득음, 너름새는 노력의 여하에 따라서는 극복할 수 있다.

신언서판身言書判은 사람 됨됨의 기준이었다. 가만 보면 광대치레와 다름없다. 타고난 운명과 후천적인 노력이 함께 어우러져야 비로소 광대도 되고 벼슬길에도 나갈 수 있었다. 그러니 비록 출세가도를 달리고 있다 할지라도 제 홀로 된 것이 아니요, 하늘의 은덕이 먼저요, 그 후에 나의 노력이 있다. 하늘의 은덕은 곧 세상의 원리요, 자연의 이치니 내가 좌우할 수 없는 조건들에 무릎 꿇는 것이 먼저다.

땅

초등학교 2학년 때 교실 벽에는 우리나라 지도 하나가 길게 걸려 있었다. 이 지도에는 호랑이 형태의 대한민국과 호랑이 꼬리가 끝나는 부분 모서리에 '일본'이라는 나라와 압록강 너머의 '중국'과 두만강 너머의 '소련'이 보일 듯 말 듯 자리하고 있었다. 그러니 이때 내 머리에는 세상에 오직 네 개 정도의 나라만 있었다. 물론 이 자랑스러운 환상이 깨진 것은 얼마 가지 않았다. 세계지도가 걸린 3학년 교실에서다. 이때 느낀 좌절감은 생각보다 컸다. 대한민국이라는 나라가 태평양 서쪽에 보일 듯 말 듯 작은 나라라는 것을 알고서는 비애감조차 들었다.

우리 아버지가 가진 땅은 일곱 마지기 정도의 논과 두 뙈기 정도의 밭이었다. 이것으로는 자식들 학교 보내기는커녕 살림살이조차 어려워 남의 논을 빌려 농사를 지으셨다. 당시만 하더라도 주인과 임차 농은 반반 갈라먹기였다. 농비를 털고 나면 실제 남는 것은 별로 없었다. 땅이 좁은 설움을 느낀 것은 이때가 두 번째였다.

월급만 바라보고 살아온 지 30여 년, 재테크는 남의 일로만 여겼다. 성실하게 살면 먹고 살 걱정은 없다는 순진한 생각도 했다. 그래도 이사 다니는 것이 성가시고 아이들도 자라는데 변변찮더라도 내 집이 있으면 좋겠다는 생각에 빚을 반 정도 내어 시골 아파트 한 채를 샀다. 읍내에 산 지 20여 년, 아이들도 자라고 굳이 읍내에 살 필요가 없다는 생각에 후일을 생각해서 시골에 땅을 구입했다. 이럭저럭 내가 부동산을 계약해 본 것이 너덧 번이다. 적을 수도 있고 많을 수도 있는 횟수지만 재테크를 염두에 두었다면 훨씬 더 많았을 수 있다.

나는 이제 그때 사 놓은 땅에 집을 짓고 11년 가까이 살아오고 있다. 그러니 굳이 땅값이 올라도 내려도

신경 쓸 필요가 없다. 내가 살아가는데 큰 문제가 없고 이것을 팔아서 돈이 될 법도 아닌 땅이기 때문이다.

농촌의 좁은 골목길이나 한적한 외곽의 전원주택이설 만한 장소의 전봇대에는 부동산 사무실에서 붙여 놓은 광고물이 태풍급 바람이 불어도 미동도 하지 않는다. "땅 매매"라는 노란색의 전단지다. 얼마나 접착력이 강한지 붙여 놓은 전단지를 떼기는 거의 불가능하다. 우리나라 국민들의 땅에 대한 집착력만큼 될 것이다.

무슨 심경의 변화가 있었는지 모르지만 어느 날 갑자기 이 전단지를 보고 코웃음이 쳐졌다. 그러고는 '땅을 팔고 사? 그게 가능한 말이야?' 라는 소리가 나도 모르게 입에서 쏟아져 나왔다. 누군가 곁에 있었다면 이 말에 귀를 의심했을 것이다. 내가 잠시 빌린 땅에서 살수 있는 날이 그리 길지 않다.

약속

한 통의 편지가 왔다. 10년 전 내가 나의 가족에게 보낸 편지였다. 겉봉투는 '하동군수' 명의의 발신인이 적혀 있고 수신인란에는 나의 아내와 두 아들의 이름이 익숙한 필체로 또렷하게 써져 있었다. 10년 동안 까마득하게 잊고 있었던 일이었다. 나는 당시에 기획계장을 맡아 군민의 날 행사의 일환으로 2110년에 개봉할 타임캡슐을 하동문화예술회관 앞 광장에 매설했었다. 기억을 되살려 보니 그날 모인 사람들은 100년 후 그 자리에서 다시 만날 것을 약속했었다. 그러니까 이번에 받은 편지는 미니 타임캡슐 행사로 10년 후에 개봉하여 발송하는 이벤트였다.

편지는 이렇게 시작됐다. "사랑하는 나의 아내에게 그리고 나의 분신인 예찬, 기훈에게…" 내용은 평범했다. 그동안 직장일로 가정을 제대로 보살피지 못했던 미안한 마음과 두 아들이 10년 후에는 어떻게 되어 있을까 하는 즐거운 상상과 기대감이었다. 그로부터 10년 후 우리 가족은 많은 변화를 겪었다. 작은 집을 지어 이사도 했고 나는 조기에 퇴직을 하여 전혀 다른 길을 걷고 있다. 사랑하는 어머니도 돌아가셨다. 두 아들은 기대감으로 가득 찼던 편지보다 기대 이상으로 그들의 길을 잘 걷고 있다.

나라도 바뀌었다. 사람도, 동네도, 하늘과 땅도, 이웃도, 친구도, 세계도 바뀌었다. 어제의 것들이 바뀌지 않은 것은 하나도 없다. 진리도, 정의도 바뀌어가고 있다. 바뀌지 않는 것은 세상이 변한다는 것뿐이다.

이 편지가 감동을 주었다. 내용이 아니라 군수가 바뀌고 담당자가 여러 번 바뀌었음에도 약속이 지켜졌다는 것 때문이었다. '10년 편지'를 기획할 때만 하더라도 이 편지가 제대로 발송될 수 있을까 하는 생각을 했었다. '약속이란 이런 것이다'는 것은 보여주려는 듯이 생각지도 않았던 편지가 약속이 되어 온 것이다. 10

년은 결코 짧지 않은 시간이다. 군청 어느 장소에서 묵묵히 자리를 지켰을 편지 캡슐은 편지에 쓰인 사연들을 얼마나 잘 지키며 살아가는지 지켜봤을 것이다.

남은 약속이 있다. 앞으로 90년 후 2110년 4월 15일, 우리는 하동문화예술회관 광장으로 가야 한다. 죽어도 가야 한다. 남은 약속은 그것뿐이다. 그동안 어떻게 살았는지 서로 포옹하고 안부를 물어야 한다. 그리고 난 후에 캡슐을 개봉할 것이다. 진공 상태로 있었기에 100년 동안 변하지 않고 온전한 모습을 지키고 있을 것이다. 타자기, 컴퓨터, 카메라, 사진, 책, 옷 등등 우리 손으로 모으고 정리를 했던 기록들을 반갑게 만져볼 것이다. 90년밖에 남지 않았다. 약속은 지키기 위한 것이다.

기막힌 이야기

　초등학교 시절 나의 여름방학은
지금 생각하면 한 편의 무성영화 같았다. 4학년 때인
것 같다. 그때까지만 해도 가끔씩, 아주 가끔씩 쉬야(?)
를 했다. 여름날 아침에 엄마 몰래 동네 바로 앞에 있
는 시냇가에 가서 젖은 옷을 씻고 왔다. 엄마에게는 아
침에 수영을 하고 온 모습으로 포장을 했다. 물이 흐르
는 옷을 그대로 입고 집으로 와서는 벗어서 빨랫줄에
널었다.

　아침밥을 먹고 짧은 낮잠을 잔 후에 다시 친구들과
본격적으로 수영을 하러 갔다. 이번에는 동네 뒤에 있
는 제법 깊은 시냇물이다. 점심때 집으로 와서는 오후

에 나무 그늘 아래서 놀다가 해 질 무렵에 다시 시냇가로 달려가 백사장에서 봄을 달구고 다슬기와 피라미를 잡아 집으로 의기양양 귀환했다.

방학이 끝나고, 2학기를 맞이하고, 새 학년이 됐다. 1년 동안 변한 것은 오로지 학년 하나 올라간 것 외에는 없었다. 친구도, 동네도, 학교도, 나라도 그대로였다. 반장도 그대로, 동네 회장도 그대로, 국회의원도 그대로, 대통령도 그대로였다. 물론 우리 엄마 아버지도 논밭에서 일하며 소와 돼지를 키우고 나는 그 사랑에 지칠 줄 몰랐다.

벚꽃이 만발한 봄에 바리케이드를 치고 꽃구경 인파를 막았다. 제주도에는 한겨울 동안 정성들여 키워 놓았던 유채꽃밭을 갈아엎었다. 마스크를 사기 위해 시골 우체국 앞에 사람들이 장사진을 쳤다. 두 시간 정도 걸려서 겨우 마스크 몇 장을 구입했다. 학교는 개학하지 못하고 6월이 되어서야 그것도 학년별로 순차적으로 열었다. 가급적이면 사람을 만나지 말라고 국가적 차원에서 캠페인을 했다. 코호트라는 이름으로 병원이 통째로 폐쇄되고 어느 종교집단은 바이러스의 진원지가 됐다.

회의는 대면이 아니라 영상으로, 학교 수업도 영상으로 했다. 언택트라는 말이 무슨 말인지 잘 모르지만 사람이 가장 무섭다는 것은 잘 알게 됐다. 국가에서 국민들에게 일방적으로 돈을 줬다. 4인 가정에 100만 원이다. 잘사는 지역에서는 지역민에게 추가로 주기도 했다. 캐리어를 끌고 해외로 나가는 일은 쉽게 볼 수 없는 현상이 됐다. 대신에 돈을 지불하고 영상으로 내가 가고 싶은 곳을 구경하는 세상이 될 것이라 한다. 도시에 있는 자녀들이 부모님을 뵈러 오지 못하고 있다. 10년 전 구제역이 발생했을 때에도 그랬었다. 부모님께 세배도 영상으로 했다.

1979년 고등학교 1학년 때 박정희 대통령이 서거를 했다. 1997년에는 국민들이 줄을 서서 금반지를 바쳤다. 같은 급의 충격적인 일들이 이제는 일상이 됐다. 간이 클 대로 커져 가고 있다.

끄트머리

나를 자각하기 시작했던 소년기를 지나 청년기에 내가 서 있었던 자리는 늘 주변이었다. 모임을 주도하지 못했고 조직에서도 조용한 조력자로 만족했었다. 그것은 나의 가치관이기도 했다. 고등학교 때이다. 한 대학교 동아리에서 내가 다니는 교회에 봉사활동을 왔다. 소그룹 모임을 이끄는 리더가 어떤 삶을 살고 싶으냐고 물었다. 나는 주저 없이 평범함의 평범함으로 살고 싶다고 했다. 그 리더는 그렇게 살지 말고 좀 적극적으로 삶의 방향을 바꾸면 어떻겠느냐, 조언을 해 주었다. 나는 대답하지 않았다. 내 성미에 맞지 않기 때문이었다.

이런 갈등은 내 인생 중반까지 자리하고 있었다. 바람 부는 대로 사느냐, 바람을 거슬러 나아가느냐. 쉽게 말하면 좀 도전적인 삶을 사느냐, 평범하게 사느냐였다. 그렇게 세월은 흘러 그것으로 나의 질문은 시간 속에 흘러가 버렸다.

나는 조직 속에서 차츰 중심에 서게 됐고 조직을 리드해야만 하는 자리에서 일하게 됐다. 인생에 대한 물음은 다시 시작됐다. 떠밀려 가느냐, 내가 방향을 잡고 거슬러 가느냐. 어느덧 나는 내 인생의 중심에 서길 원하는 사람이 되어 있었다. 내 생의 한가운데 서고 싶었던 것이다. 그때 받아쓴 시가 하나 있다.

누구나 한가운데가 있다/ 바다의 한가운데로 가야 대양으로 항해할 수 있고/ 강의 한가운데로 가야 강을 건널 수 있듯이// 겨울의 한가운데로 가야 봄이 오고/ 봄의 한가운데로 가야 여름이 오듯이// 제아무리 가을이라 해도 여름의 한가운데 입추가 있고/ 가을의 한가운데에 입동이 있듯이// 그곳은 눈보라 치는 곳이며/ 대지가 꽃을 토해 내는 곳이며/ 태양이 땅을 태우는 곳이며/ 숲이 불타는 곳이다// 한가운데로 가는 것은 그런 것이다/ 누구나 한가운데가 있

는 것이다

지금 다시 생각해 보면 한가운데는 실제로는 끄트
머리다. 최전방에 초병이 서 있는 초소요, 칼바람 부는
성루며 까치가 집을 짓는 미루나무 꼭대기다. 헛농사
짓지 않도록 아침마다 논배미를 거니는 농부며, 극지
를 탐험하는 탐험가며 오지와 저개발국에서 자신을 던
진 사람이며, 구도의 길을 가는 성직자며, 잠 못 이루
는 밤 속에서 나를 찾기 위해 별 헤는 사람들이다. 결
국 끄트머리와 한가운데는 같은 곳이었다.

그곳은 바람 맞는 곳이며, 먼 산 응시하는 곳이며,
손가락질 받는 곳이며, 주목받지 못하는 곳이며, 그늘
진 곳이며, 새벽에 무릎 꿇는 곳이며, 성공보다는 실패
할 확률이 높은 곳이며, 두 갈래의 길을 두고 한 갈래
만 선택해야 하는 고독한 곳이다. 한가운데라는 이름
으로 불리는 곳이나 실상은 끄트머리다. 끄트머리와
한가운데는 동의어다.

문화권력

　　　　　　어릴 적 반공교육이 교육의 전부
라 할 만큼 일상적이던 때가 있었다. 반공웅변대회, 글
짓기, 표어와 포스터… 이런 것들은 더 이상 말하지 말
자. 고등학교 때 교련수업은 지금의 현역병보다 더한
훈련이었다고 회상한다. 학교의 가장 중요하고 큰 연
례행사는 교련검열이었다. 주로 6월에 검열이 있었는
데 반 학기는 오후 수업을 전폐하고 군사훈련에 집중
했다. 1주일 정도를 앞두고는 아예 하루 종일 훈련에
훈련을 더했다. 결국에는 지도하는 선생님이나 학생대
장은 목이 쉬어버렸다. 목총木銃은 교실 뒤에 늘 배치되
어 있었다. 총알만 장전되지 않았을 뿐이지 영락없는

M16 개인 소총이었다. 이 일에 대하여 그 누구도 시비 걸지 않았다. 낭연하다는 확신을 가지고 있었다.

이 시절의 권력은 오로지 반공이었다. 80년대 민주화의 열풍으로 '민주권력'이 반공권력을 넘어섰다. 민주라는 이름으로 행해지는 질풍노도의 시절, 민주는 모든 것을 능가했다. 아, 이 얼마나 갈구했던 말이었던가! 그 민주주의를 부르짖던 인사들이 50을 넘고 60을 달리고 있다. 한마디로 국가경영의 주축이 됐다. 국가최고의 권력도 소위 진보와 보수 진영에서 고루 가져보는 꿈과 같은 일이 현실이 됐다.

정치권력이 다변화되기 시작한 후부터 새로운 권력이 출현했다. 정치의 다양성이라는 붐을 타고 일어난 필연적인 현상이다. 문화권력, 스포츠권력, 지방권력, 종교권력, 기업권력, 여성권력, 방송권력, 연예권력과 같은 것이다. 이 신형의 파편적 권력이 기존의 정치권력과 손잡는 일이 생겨났다. 일종의 기생권력이다. 정치권력에 편력한, 그래서 그들과 맥을 같이하는 경우가 다반사다.

이들 문화권력자들은 정치권력에 빌붙어 산다. 그래서 블랙리스트니 화이트리스트니 하는 신조어가 나타났다. 블랙이나 화이트나 글자 하나 다를 뿐 돌아서면 1등이 꼴찌 되고 꼴찌가 1등 되는 것과 같은 것이다. 선악의 문제가 아니라 어느 정권에 기생하느냐의 문제다. 그들만의 성城에 갇혀 서로 치고받는 일들이 정치권력 못지않다. 문화권력과 같은 파생권력은 반영구적이다. 외형적 권력으로 나타나는 모습을 쉽게 볼수 없지만 그 권력의 힘은 정치권력 못지않고 지속적이다. 중앙과 지방을 가리지 않는다. 단지 영역을 달리할 뿐이다.

이 권력은 거대한 집단으로 올 수도 있고 개인의 이름으로 올 수도 있다. 하나의 개인이 문화권력을 쥐게되면 사람이 공룡처럼 변한다. 이 권력 앞에 스스로 엎드려 구걸하는 기생권력이 생겨나게 된다. 문화 자체가 힘을 갖는 것과는 다른 것이다.

3월의 교실 복도

        1984년 6월에 입대한 나는 8월 무더위에 자대 배치를 받았다. 식당사병을 거쳐 여섯 달 만에 행정반으로 보직을 바꿨는데 타자를 완벽하게 습득했고 행정처리도 수준급으로 배웠다. 그것이 전역 후 직장에서 일처리 하는 데 많은 도움이 됐다.

  지금은 그렇지 않으리라 믿지만 당시 군대 막사는 얇은 벽돌로 지어져 겨울이면 냉기가, 여름이면 열기가 지붕과 벽을 통해서 스며들어 왔다. 그래도 한겨울에는 보일러가 가동되었지만 여름에는 에어컨이 없어 팬티 바람으로 더위와 싸워야 했다. 논산훈련소에서 기초훈련을 마친 후 자대 배치를 받으러 가는 도중 임시 막사에서 8월 중순의 하룻밤을 보냈는데 막사 열기를 식히기 위해 발목까지 찰 정도의 물을 바닥에 뿌렸다. 그 습기로 숨 막혔던 밤이었다.

겨울에 보일러가 가동된다 해도 가동 기간은 2월 말까지로 한정되어 있었다. 이로 인해 구식 막사의 3월은 진짜 추위와의 싸움이 시작되었다. 인근 막사로 기름을 습격하러 가는 웃지 못할 추억이 앞을 서성거린다.

조기퇴직하신 한 선생님으로부터 이런 말을 들었다. '3월의 교실 복도는 내가 경험한 최강의 한파였다'라고. 내가 경험했던 3월 군부대 막사의 추위와 닮아 전우를 만난 기분이었다. 새롭게 시작된 학기에 학생들과의 첫 만남과 덜 익숙한 눈길, 학교 행정업무와 교실보다 온기가 덜한 복도의 찬 기운이 한파로 여겨질 수도 있었겠다. 그래도 3월 중순이 지나면 복도에도 온기가 돌게 될 것이다.

학교만 3월의 교실 복도처럼 찬 기운이 돌까? 직장문화도 별반 다르지 않다. 말 한마디 잘못하다가는 '꼰대', '라떼' 취급 받기 십상이라고 고난을 호소한다. 그런 말 듣기 싫어 대화를 단절하게 되고 직장문화가 폐쇄적으로 변하고 있다는 소식을 들을 때면 그래도 좋은 시절에 직장을 다녀 다행이라는 소회가 앞선다.

조직 내 컴퓨터에 전산망이 깔리고 난 후부터는 더욱 심화됐다. 전화통화가 사라지고 어지간한 소통은 메신저로 하게 됐다. 사무실은 키보드 소리뿐 때로는 정적이 감돌았다. 이를 감지한 나는 '메신저보다는 전화로 소통해 보라'고 권유를 하기도 했지만 그 도도한 흐름을 막을 수 없었다.

엄청난 소통의 도구들이 온 공중을 가득 채워놓고 있다. 대부분 서너 개의 채널에 '친구'만 하더라도 최소 수천 명은 넘는다. 많은 사람들은 수만, 수십만을 넘어 마치 공중권세 잡은 자들처럼 행세하기도 한다. 하나 그 공중권세가도 절대로 움켜잡지 못하는 것이 있다. 3월의 교실 복도와 군대 막사 콘크리트 틈에서 뿜어 나오는 찬 기운과 같은 대인기피증이다.

고양이 방화주의보

여름이라 부르는 고양이와 몇 달 살았던 적이 있다. 여름에 왔다고 해서 여름이다. 우리 집 강아지는 봄이다. 봄에 왔다고 해서 그렇게 지었다. 이웃집에서 분양 받은 여름이는 짧은 시간에 우리 가족의 사랑을 독차지 했다. 그 애교라니!

내 어릴 적 고양이는 집을 쥐로부터 지키는 당당한 일꾼이었다. 워낙 쥐가 많아 생활의 불편까지 초래하는 일들이 비일비재했던 시대에 쥐꼬리를 잘라 학교에 가져가는 것이 방학숙제였을 때도 있었다. 지금의 고양이들은 그때에 비하면 거의 무위도식하는 '꾼들' 이라 할 수 있다. 아니 오히려 상전으로 드렁드렁 잠만 자고 살만 찌는 이들이다.

우리 식구의 사랑을 독차지했던 여름이는 원하지 않은 임신을 방지하기 위해 읍내로 수술 길에 올랐다. 영문을 모르고 차에 올라탄 여름이는 읍내로 가는 도중 창밖을 보며 세상 구경에 혼이 나간 듯 했지만 읍내로 들어오면서부터는 불안한 기색이 역력했다.

드디어 동물병원 앞에 차를 세우고 문을 여는 순간 눈 깜짝할 새 어디론가 도망을 가 버렸다. 워낙 전광석화같이 발생한 일이라 대처할 수 있는 시간이 없었다. 우리 식구는 각개전투를 하듯 주변에 흩어져 여름이를 찾아 나섰다. '여름아!' 라고 읍내 골목길에서 목 놓아 부르기도 했다. 그러나 두 시간이 넘도록 여름이는 결국 나타나지 않았다. 마침 추석 명절이 시작됐던 터라 아이들까지 다 모였던 명절은 여름이로 인해 슬픔의 도가니가 됐다.

한국소방당국에서 고양이 방화주의보를 발령했다는 뉴스가 미국 언론사들을 통해 역수입됐다. 지난 3년간 약 100여 건의 화재가 고양이로 인해 발생했다는 것이다. 고양이들이 주인이 집을 비운 사이에 전기레인지를 건드려 발생한 실화였다. 이로 인해 인명피해가 네 건이나 발생했다고 한다. 집을 지켜야 할 고양이가 초가삼간 태우는 방화범이 된 것이다. 산전수전은 물론 공중전까지 치러야 할 고양이가 집을 지키는 것이 아니라 주종이 바뀐 세상에 살다 보니 본분을 잃은 결과인지 모르겠다.

가끔씩 서울에 올라가 일명 '연트럴파크'라는 길을 산책하다 보면 웃지 못할 일을 자주 발견한다. 반려견들의 뒤를 마치 시녀가 황제를 따르듯 종종걸음으로 쫓아가는 '사람'들을 보노라면 웃음이 절로 나온다. 만에 하나 '응가'라도 하면 즉시로 비닐봉지를 꺼내 덥썩 물듯이 해치우는 사람의 모습은 황제와 시녀의 모습과 닮았다.

역할이 전도된 세상에서 무료한 고양이는 집에서 불장난 하고 주인은 생존의 터전에서 열심히 임무 수행 중이다. "근무 중 이상 무!"

외로움 담당 장관

정호승 시인의 「수선화에게」라는 시는 "울지 마라/ 외로우니까 사람이다"로 시작된다. 그러면서 사람이 살아간다는 것은 외로움을 견디는 일이니 오지 않는 전화를 기다리지 말고 그냥 눈이 오면 눈길을, 비가 오면 빗길을 걸어가라고 한다. 외로움은 사람뿐 아니라고 한다. 숲속의 가슴검은도요새도 외로움 중이고 산 그림자도 외로워 하루에 한 번은 마을로 내려오고 종소리조차 외로워 울려퍼진다고 한다. 심지어 하나님도 외로워 눈물 흘리신다고 북돋는다. 외로움 찬양시라 할 만하다.

이 시로 외로움은 병이 아니라 사람의 특권이요, 세

상 모든 만물의 특성이라 단정지어졌다. 그러니 외롭지 않으면 사람이 아니라는 말로, 외로워지면 시심도 돋아나고 한껏 사람다워지는 세월이었다. 그즈음에는 그랬다. 1998년 이 시집은 초판발행 됐고 23년 후인 2021년에 개정증보판이 나왔다. 하지만 개정증보판에 실린 「수선화에게」는 초판 그대로 실렸다. 외로움은 아직도 견뎌낼 수 있으며 사람을 사람답게 하고 생물 본연의 특권이라는 믿음 때문이라 생각된다.

시인이기에 그럴 수 있다. 시인은 견뎌내기 명수이기 때문일 수 있다. 아니 시인이기에 외로우니까 사람이라 노래할 수 있었고 심지어 새들도, 산 그림자도, 하나님조차도 외롭다는 것을 눈치 챌 정도의 세밀한 감성을 지녔다 할 수 있다. 문학이니까, 시니까, 시인이니까 우리는 그렇게 인정할 수밖에 없다.

일본 청년 중 은둔형 외톨이라는 뜻의 히키코모리가 54만 명이나 된다고 한다. 미국공중보건서비스단에서는 '외로움은 하루 담배 15개비 흡연만큼 해롭다, 미국 성인 절반 이상이 외로움과 고립감이라는 유행병에 감염됐다' 고 발표했다. 외로움은 많은 사람들이 느끼는 흔한 감정이나 배고픔이나 갈증과 같이 생존에 필요한 '무언가'가 빠졌을 때 몸이 우리에게 보내는 신호라는 것이다.

영국에서는 2018년 1월에 아예 외로움 담당 장관을 임명했다. 첫 외로움 담당 장관은 트레이시 크라우치였다. 당시 고독으로 인한 고통을 겪는 영국인은 900만 명에 달한 것으로 집계됐었다. 영국이 이처럼 유독 외로움을 먼저 진단하게 된 것은 극우남성에 의해 조 콕스 의원이 살해된 후였다.

영국에 한국의 '수선화' 급의 시집이 있고, 그 시집에 '외로우니까 사람이다'는 시가 있다면 외로움 담당 장관은 이 시집을 모두 수거해서 방역약품으로 살균처리하거나 소각해서 다시는 발병하지 못하도록 하는 조치가 취해져야 할 듯하다. 더 이상 사람의 특성이나 특권이 아닌 사람을 죽음 이하로 몰고 가는 잔인한 전염병으로 진단했기 때문이다.

치열함

느림의 반대는 **빠름**이지만 느림
과 치열함은 일종의 동의어다. 세상이 전광석화처럼
빠른 시대에 느림은 전광석화보다 더 치열한 역주행이
다. 이렇게 손 놓을 수 없는 시대에 게으름이라니! 게
으를 수 있는가 과연.

치열함은 치열함으로 맞서야 한다. 이열치열처럼
말이다. 속도주의에 맞선 것이 슬로시티다. 1999년 시
작됐으니 25년에 가까운 시간이 지났다. 패스트푸드가
만연하고 온통 속도경쟁에 세계인이 내몰릴 시대였다.
내가 슬로시티라는 것을 처음 들은 것은 2007년 무렵
이었다. 이 무슨 괴짜들이란 말인가?는 생각이 들었다.

하지만 곰곰이 생각해 보면 뭔가 꿈틀거리는 움직임으로 감지됐다. 속도주의에 맞서려면 그와 견줄 만한 속도가 있어야 하는 법이다. 슬로라는 말은 단지 우리가 아는 느림과는 다른 의미의 선물로 다가왔다. 슬로시티가 아니었다면 내가 아는 슬로는 단지 전통적 게으름뿐이었을 것이다.

이용우 화가의 〈게으른 농부전〉을 기획하는 일에 참여했었다. 화가 이용우는 게으를 수 없는 사람이었다. 태생 자체가 부지런한 가문이라 그의 삶도 부지런함으로 일관됐었는데 그가 내세운 것이 '게으름'이었다. 속도주의 시대에 생존하기 위해서는 속도주의를 넘어선 게으름으로 응대해야 생존할 수 있다고 본 것이다. 어떻게 게으를 수 있는가? 내면의 치열함뿐이다.

근면성실함과는 전혀 다른, 단지 몸으로 때우는 그 치열함과는 결이 다른 성정을 일컫는다. 경륜대회를 보면 경사진 트랙을 총알처럼 빨리 달리는 듯하지만 단지 속도만이 아닌 빠름과 느림이 병합된 치열함의 대결장이다. 경륜장은 빠름과 느림의 변주곡이 연주되는 곳이다. 빠름만으로만 경주가 되지 않듯이 삶도 그렇다.

2000년 전에 살았던 선진인류 마르쿠스 아우렐리우스는 북부 변방에서 대부분 황제 임기를 보냈다. 지금의 도나우강 정도 되니 헝가리쯤 될까? 그는 오현제의 막내둥이였고 그를 이은 아들 콤모두스는 그와 전혀 다른 황제의 길을 걸었다. 전쟁터는 치열함의 극치다. 삶과 죽음이 순간에 달린 곳이다. 로마 황제들은 으레 전쟁터에서 전과를 발휘해야 시민들로부터 황제로 인정받을 수 있었다. 그것이 개선식이었다. 굳이 마르쿠스 아우렐리우스가 개선식을 의도하기 위해 전쟁에 나가지 않았음은 당연하다. 결국 그는 전쟁터에서 죽었다.

우리가 아는 것은 다른 것들보다 그가 남긴 『명상록』이라는 치열함의 결과물이다. 염세적이지도 않은, 누군가에게 교훈으로 남기려고 쓴 것도 아닌, 오로지 전쟁에 몰입해 있었던 그 자신의 치우침과 나태를 다스리기 위한 그만의 치열함에서 나온 뜨거움이었다. 『명상록』은 극치의 치열함이다.

내 생각에 충실하게 사는 것

동서를 관통하는 역사 인물 중에 율리우스 카이사르만큼 극적인 인생을 살아낸 사람도 드물다. 당시로서는 마흔이 넘은 늦깎이 나이에 본격적인 출세가도에 올라선 그는 갈리아를 정복 후 원로원 최종권고를 받는다. 군사를 버리고 무장해제한 채 로마로 돌아오라는 것이었다. 기원전 49년 1월경이다. 결국 루비콘강을 건너 로마로 진격하는데 갈리아에서 8년간 함께했던 군단을 그대로 이끈 채였다.

루비콘 강은 당시 본국 로마와 갈리아를 구분 짓는 일종의 국경으로 모든 군인들은 이 강을 건너기 위해서는 누구나 할 것 없이 무장해제한 채 넘어야만 했다.

남쪽의 브린디시라는 항구도시도 비슷한데 그리스나 아시아 등 동방 정복지에서 국내로 들어오는 군인들도 여기서부터는 군대와 함께 로마로 들어올 수 없었다.

루비콘강을 건너는 것은 목숨을 건 결단이었다. '주사위는 던져졌다'는 말은 루비콘을 건너기 전에 내뱉은 말이다. 의외의 진격에 당시 국가수반이라 할 수 있는 폼페이우스는 브린디시를 통해 그리스로 망명한다. 카이사르는 결국 폼페이우스를 간발의 차이로 놓치고 그의 잔당들이 활개를 치고 있는 히스파니아 정복에 나선다. 우여곡절 끝에 프랑스 남부 마르살라와 히스파냐에서 항복을 받게 된다.

폼페이우스와 카이사르와 대등하리만큼 지명도를 지니고 있었던 키케로는 결국 폼페이우스가 있는 그리스로 떠났는데, 그때 카이사르는 키케로에게 편지를 쓴다. "내가 무엇보다 나 자신에게 요구하는 것은 내 생각에 충실하는 것이오. 따라서 다른 사람들도 자기 생각에 충실하는 것이 당연하다 생각하오."라는 내용이었다. 비록 뜻을 같이하지 않고 적과 손 잡았지만 그것조차 자신의 생각에 충실한 것이었다면 묻지도 따지지도 않겠다는 내용이었다. 여기가 끝이 아니다. 히스

파니아 전투에서 패한 잔당들이 설혹 자신의 등 뒤에서 칼을 들이댄다 하더라도 그것조차 그들의 생각에 충실하길 바랐다.

카이사르가 강조한 자신의 생각에 충실하는 것이란 결국 등 뒤에서 칼을 맞는 것과 같은 일들, 배신을 당하고 모함을 당하고 그로 인해 생명이 위태로울지언정 그 근원의 생각대로 행동하겠다는 것이었다. 곧 그가 생각하는 로마제국의 신질서라 할 수 있다. 이를 위해서 그는 평생을 안팎의 전쟁 속에 살았고, 결국은 그의 생각을 실행시킴으로 살해를 당했다.

자신의 생각에 충실함에는 대부분 난관이 뒤따르게 될 것인데 대중의 지지와는 거리가 멀 수 있기 때문이다. 최악의 경우에는 등에 칼을 맞게 되는 불행으로 종말을 보게 될 수도 있다. 겉으로는 그렇다.

7:3의 법칙

환경이 사람을 닮을까, 사람이 환경을 닮을까? 내가 사는 동네는 누가 만들었을까? 지금 내가 살아가는 고장, 내 나라는 누가 만들었을까? 나는 7년 전에 지리산 자락 평사리에 작은 초당 하나를 마련했다. 10년 이상 묵어있던 땅을 택지로 다듬고 작은 집 한 채를 세웠다. 여러 군데 둘러본 후에 마지막에 도착한 이 땅은 내 품에 쏙 안겼다. 처음 선을 본 그다음 날 혹시나 하는 마음에 곧바로 계약서에 서명을 하고 그해 가을에 집을 지었다.

7년이 지난 지금 우리 집 마당에는 자목련과 무화과나무, 느티나무와 매화나무, 몇 그루의 단풍나무가 제법 운치를 자아내고 있다. 5년 전 태풍으로 산비탈에 쓰러져 있던 것을 갖다 심었던 층층나무는 올해부터는 가지가 뻗어나고 꽃도 풍성하게 피기 시작했다. 이제는 키 큰 백합나무까지 수십 그루의 나무 때문에 여름이 되어도 따가운 햇볕 걱정 없고 봄이 되면 대문 밖에 심어 놓은 벚나무가 집안을 아늑하게 만들어 놓는다.

지난겨울에는 형님과 자형이 오서서 웃자란 가지를 잘라주고 집을 삼킬 듯했던 오동나무도 나지막하게 가지를 쳐 태풍이 불어도 집에는 아무런 위험이 없다. 마당은 일찌감치 잔디를 심었는데 이른 봄에는 잡초들이 많이 자라지만 조금만 신경을 쓰면 잔디밭 관리도 크게 무리가 없다. 더군다나 혹서기의 잔디는 복사열을 막아주어 뜨거운 여름을 잘 견뎌내게 만들기도 한다.

마당 한편에는 몇 평 되지 않지만 작은 텃밭도 있다. 여름이면 상추와 풋고추, 오이와 가지는 물론 토마토까지 심고 음식쓰레기는 이 텃밭이 다 해결해 주니 일석이조가 넘는 효과를 거둔다. 눈 깜짝할 사이에 지난 7년, 가만 보면 집은 나와 아내를 그대로 닮아 있다. 우리의 손길을 거친 나무들, 잔디마당, 건물의 외관도 설계자와 수많은 소통과 의견을 나눈 결과 모던하고 심플하다. 집의 내부도 복잡한 것은 질색인 우리 부부의 성격을 닮았다. 간결하고 부족한 게 너무 많지만 비워져 있는 것이 좋다. 마당도 이와 비슷하여 거대한 바위 하나뿐 뻥 뚫린 채 비워져 있다.

건물은 주인과 건축가의 영향을 7:3으로 받는다고 한다. 아무리 뛰어난 건축가라 하더라도 주인의 마음과 생각을 거스를 수 없다. 가만 생각해 보면 9:1이라고 해도 과언이 아니다. 사람이 집을 짓지만 그 후에는 집은 사람을 닮아간다. 내가 사는 집이 나를 닮아가듯이 내가 사는 동네는 우리 동네 사람들을 닮아갈 것이며, 내가 사는 나라는 대한민국 국민을 닮아갈 것이다. 여기에 그 누가 이의를 달 수 있을까? 가상家相은 곧 인상人相이다.

경계 境界

5월 초순의 어느 새벽이었다. 나는 새벽 세 시경에 깨어나 명경처럼 맑은 정신으로 책상에 앉아 있었다. 바깥은 어둡고 공기는 포근했다. 어떤 생각이든 명료하고 무엇을 결정하든 최적의 판단을 할 수 있을 것 같은 명징함이 몇 시간 내내 나를 이끌었다. 거실의 넓은 창으로 보이는 암흑이 점차 미명으로 바뀌는 것을 응시했다. 어느 지점에 이르자 밀폐된 두꺼운 유리창 안으로 새들의 합창이 들려오기 시작했다.

일순간 산골짜기의 작은 동네는 깨어나기 시작했다. 이들이 합창을 하기 시작한 시간은 새벽과 아침의

미묘한 경계점이었다. 암흑에서 미명으로 바뀌는 찰나의 시간을 잠자지 않고 있었던 것이다. 그 순간은 내 의식의 잠을 깨웠던 시간이기도 했다. 잠에서 깨어 명료한 시간을 보냈던 것에 더하여 미묘한 경계에 섰다는 사실을, 나와 함께 새벽을 깨우는 시간에 그들도 함께 있었다는 사실에 감사했다. 순간 시 한 수를 받아썼다.

삶과 죽음의/ 새벽과 아침의/ 오늘과 내일의/ 육지와 바다의/ 남자와 여자의/ 믿음과 불신의/ 깨어남과 잠잠의/ 너와 나의/ 역사와 그 언저리의/ 남과 북의/ 하늘과 땅의/ 인식과 무의식의/ 질서와 자유의/ 눈감음과 눈뜸의/ 위층과 아래층의/ 너 거기에서 울었는가?/ 이 새벽과 이 아침의/ 그 기묘한 경계에 엎드려/ 저처럼 우는 새여!
- 「내일도 나는 그곳에 있었다」

지난날 경계는 불편하고 위험하고 불안하다는 생각을 했었다. 이 순간적인 경험이 경계에 대한 경계를 일순간에 허물어 버리고 나에게 경계에 서라고, 경계에 서기를 즐거워하라는 메시지를 던져주었다. 알고 보니 나는 늘 경계에 서 있었다. 그럼에도 경계를 불편하게 여기고 위험한 것으로 오해했었다. 그곳은 창조적인 장소요, 꿈을 꾸고 꿈이 실현되는 장소요, 나를 만나고 너를 만나는 장소요, 깨어남의 장소였다.

깨어 있어야 경계에 서 있다는 사실을 알게 된다. 경계에 서서 좌우, 상하를 살피며 내가 어디에 서 있는지를 알게 된다. 경계가 아닌 다른 곳에서는 도저히 알 수 없는 비밀이 이 경계에 서면 볼 수 있는 눈과 들을 수 있는 귀가 열리게 된다. 가만 보면 너와 나의 '사이'는 경계다. 그 사이에서 열애가 있고, 믿음이 있고, 우정이 있고, 질투와 손잡음이 있다. 경계에 서지 않으면 소유할 수 없는 비밀과 같은 보물이다. 이것을 가르쳐 준 것은 오월의 새벽과 미명 사이에서 합창했던 참새들이었다. 그 기묘한 경계에 엎드려 저 새처럼 노래하는 새가 되고 싶다.

선한 마음 악한 마음

나에게는 확실히 선한 마음이 있다. 그만큼 확실히 악한 마음도 있다. 반반이라면 스스로에게 너무 후한 점수를 주었을까? 사람이라면 누구나 선한 마음과 악한 마음이 있음을 확신한다. 그렇기에 사람이다. 양심이라는 것은 선과 악을 구분하는 중요한 잣대다. 이 또한 내 속 깊은 곳에 존재하고, 사람이라면 누구나 양심을 가지고 있다. 동물에게는 양심이 없음을 확신한다. 이것이 사람과 동물의 다른 점이다.

나는 유신론자이고 하나님의 존재와 창조를 믿는다. 하지만 세상에는 무신론자도 많다. 무신론자들은 우주가 우연히 빅뱅했고 자연선택이라는 '탁월한 신'에 의해 진화를 거듭한다고 믿는다. 이것은 양심의 문제라기보다는 의식의 문제이기도 하다.

그렇다면 나는 왜 하나님 즉 신의 존재를 믿는가? 바로 내 속에 있는 선한 마음과 악한 마음 때문이다. 내가 무수한 세월 동안의 진화에 의한 산물이라면 내 의식은 동물적인 본능으로 가득 차 있을 것이다. 길들여졌을, 자연에 순응했을, 그래서 획일화된 화석과 같은 '무리'로 남아 있을 것이다.

초봄에 새로 돋아나는 이파리를 보면서 내 속에 우러나는 영감, 감사와 삶에 대한 의지, 사랑, 기련함, 측은함, 따스한 터치, 내일을 향한 기대, 철마다 다르게 날아와 노래하는 새들이 전해주는 선율은 세상의 그 어떤 노래보다 더 나를 높은 곳에 올려놓는다.

문제는 악한 마음이다. 내게 선한 양심이 있음보다 더 강하게 다가오는 것은 악한 마음이다. 이것이 더욱 신의 존재를 믿게 한다. 자주 사람을 판단한다. 행동으로, 뉘앙스로, 숨소리로, 언어로, 풍기는 냄새로 내 속에서 가공하고 새로운 그를 만들어 낸다. 이 정도 되면 그와 나는 내 속에서 만나 원수가 된다. 살인하고 간음

하고 구타하고 온갖 악행을 저지른다. 겉으로는 태연하고 웃음까지 지으면서 환대한다. 구역질 날 정도의 악취가 터져 나온다. 이것을 가장 먼저 알아차리는 것은 나다. 양심이라는 깊은 곳에서 도사리는 잣대가 있기 때문이다. 때로는 양심이 상하고 오작동할 경우도 있긴 하다.

나는 이 깊고 심오한 악한 마음에서 신을 보았다. 이 미묘하고 야릇한 마음은 신이 창조하지 않고서는, 신이 부어준 성징이 아니고서는 진화라는 자연선택에 의해서는 도저히 탄생할 수 없는 조건이다. 자연선택이라면 악한 것은 이미 수십억 년 전에 도태되어 화석이 되어 버렸을 것이다.

오늘도 내 속에 선한 마음과 악한 마음이 도사리고 있음을 느낀다. 이 미세한 떨림, 이 기묘한 심상, 이 야릇한 악취, 수천수만 가지의 도사림들이 신이 있다고 증거하고 있다.

버추얼에서 루틴까지

'습관은 제2의 천성이다' 라는 경구는 경험하지 못하면 이해할 수 없는 말이다. 습관이 되지 않고 되는 일이 없을 만큼 습관은 일을 해내는 일등공신이다. 습관이 되기까지는 각고의 노력이 필요하다. 하지만 습관이 나쁘게 들면 습관을 변화시키기까지는 피나는 노력이 필요하다.

동물이 사람에게 순응하는 것은 길들여진 습관이라 할 수 있다. 우리 집 봄이는 말을 잘 알아듣지 못한다. 기껏해야 '이리 와' 정도다. '앉아', '기다려' 와 같은 필수 단어들을 훈련시키려 해도 여간 힘들지 않다. 조기교육은 사람뿐 아니라 동물들에게조차 피할 수 없는 단어다.

사람에게 생겨나는 습관은 노력에 의한 것일 수도 있지만 관행이나 풍습에 의한 것들도 많다. 예를 든다면 아침, 점심, 저녁과 같은 삼시세끼는 생리적인 반응에 의한 것이기도 하지만 오랫동안 길들여진 습관에 의한 것이기도 하다. 긴 세월 하루 두 끼를 챙겨 먹는 사람은 어느덧 거기에 길들여지게 된다.

삶을 변화시키는 습관은 이런 생리적이거나 풍습에 의한 것보다는 희망하고 갈구하는 것에서부터 시작된다. 상상하는 삶, 영어식 표현으로 하자면 버추얼 라이프virtual life다. 실행하기는 어렵지만 언젠가 그런 삶을 살기를 갈구하는 형태다. 다음이 리추얼 라이프ritual life다. 꿈과 상상에서 한 단계 더 나아가 실현시켜 보고 싶은 삶이다. 현실이 되기까지는 넘어야 할 난관도 있다. 아침에 일찍 일어나 명상을 한다든지, 매주 한 권의 책을 읽고 독후감을 쓴다든지, 하루 만 보를 걷는다든지와 같이 자신의 삶을 개선하려는 의지의 발로다.

며칠이나 몇 달로는 도달하기 어려운 '미션' 일 수 있다. 이것이 1년이 넘고 2년이 되면 드디어 인생을 바꾸어 놓을 수 있는 든든한 도구가 되고 나를 지켜 낼 수 있는 무기가 된다. 이것이 곧 습관이다. 그러니 버추얼 라이프에서 리추얼 라이프로, 습관으로 되는 일련의 과정을 거쳐야 비로소 인생의 지문으로 남게 된다.

나의 경우 이런 버추얼에서 리추얼로, 습관 즉 '루틴'으로 자리 잡아 삶의 여정이 바뀐 것들이 여럿 있다. 6년 동안 쓴 '하동편지', 20년 동안 실행해 온 아침 산책은 내 삶의 증인이기도 하고 문신보다 깊이 새겨진 습관이 되었다.

습관이 되지 않고 벼락처럼, 로또처럼 내 인생에 굴러온 것들은 나를 바꾸지 못한 채 타지 않은 재처럼 냄새만 나게 될 뿐이다. 꿈을 꾸고 그 꿈을 현실화시키고 그것을 오래 지속하여 습관이 되는 과정은 신이 인간에게 부여해 준 비밀의 통로인 탄탄대로와 같다.

그들의 소리가 이긴지라

수면실이 있다. 잠을 잘 이룰 수 없는 사람들을 위한 공간이다. 소음에 지친 현대인들의 피난처인 것이다. 반대의 경우도 있다. 세상이 온통 소음으로 넘쳐난 곳에 살다 보면 적막을 견디지 못하는 경우가 있다. 그래서 잠을 청하기 위해 적절한 소음을 불러와 단잠을 자게 하는 수면 유도 어플리케이션을 활용하기도 한다.

가끔씩 글쓰기 강의를 할 때 시장이나 카페, 터미널에서 글을 써 보라고 한다. 적절한 소음이 집중도를 높이고 몰입하게 한다. 책에 나온 말이 아니라 내가 경험한 바다. 그래서 더욱 힘주어 말할 수 있다.

도시는 물론 어지간한 농촌도 밤에는 불이 밝다. 동네 어귀 사거리는 도시의 그것 못지않게 조도가 높다. 농촌의 밤은 어두워야 하는데 밝아지는 것은 어쩔 수 없다. 조명이 밝으면 해충이 날아오고 들판의 곡식이 고개를 숙이지 않는다. 반대로 염치없는 사람들은 비닐하우스에 밤새도록 불을 켜 놓아 식물들을 밤조차 낮으로 인식하게 하여 잠자지 않고 성장하게 만든다. 양계장도 그렇다. 닭은 잠 잘 시간도 없이 성장하고 알을 낳아야 한다.

소리는 다른 소리를 이겨야 살아남는다. 그래서 세상은 점점 소음이 증가하고 있다. 텔레비전을 보면 온통 소음들로 넘쳐난다. 오락프로그램이나 예능프로그램들을 보면 깔깔거리고 소란스럽다. 억지웃음과 억지 상황을 만든다. 그래야 시청자들의 이목을 끌기 때문이다.

정치도 그렇다. 유권자들을 위한 정책보다는 소리와 구호가 난무하기 일쑤다. 정치 구호가 유권자에게 전달되기 위해서는 진정성보다 자극적인 구호가 필요하기 때문이다. 그러나 대부분 정치인은 내용보다는 소리의 크기로 성패를 걸려고 한다. 한국의 정치체계는 더욱 그 정도가 심하다. 정치라는 성질이 그럴 수 있다.

예수는 유대인들에게 멸시를 받아 결국 로마정부에 의해 십자가형을 당했다. 로마총독 빌라도는 예수에게서 죄를 발견할 수 없어 무죄로 석방하려고 특사제도를 활용하여 예수와 바라바 중에 누구를 석방하기를 원하느냐고 물었다. 그때 유대인들은 예수를 십자가에 못 박으라 소리쳤다. 성경은 당시의 상황을 이렇게 기록하고 있다. "그들의 소리가 이긴지라." 결국 소요를 우려한 빌라도는 예수를 십자가에서 처형했다.

소리가 세상을 이기는 시대다. 가만 들어 보면 어떤 소리들이 세상을 이기고 있는지 감지할 수 있다. 굳이 영성이라는 통로 없이도 가능하다. 그러나 지금은 사람을 살리는 소리가 많지 않다. 그 소리를 줄이고 사람을 살리는 소리를 늘려야 사람이 살 수 있는 세상이 될 수 있다.

별의 순간

L군이 해병대 입대 후 몇 개월 만에 외박을 나왔다. 각진 모자에 숨겨진 각진 머리, 유순하던 L군조차 각진 모습으로 변신해 있었다. 서로 악수를 하고 멋지게 변신한 그의 모습에 '나의 경우 군 생활과 전역 후 대학 복학하는 그 시절이 인생의 꽃이었다'는 말을 해줬다. 전역만 하면 세상 모든 것이 내 것이 될 것만 같았던 시절이었다. 풋풋했던 시절, 세상 물정 몰랐지만 지내놓고 나니 인생의 꽃이 활짝 피어나기 위해 몽오리가 맺히기 시작했던 계절이었다.

졸업 후 곧바로 결혼과 뒤돌아볼 겨를 없었던 직장 생활의 몇십 년도 내겐 꽃과 같은 시절이었다. 아이 말길 곳 없어 문을 잠그고 비상근무에 나섰던 시절, 그땐 가슴 아픈 순간이었지만 시간이 흐른 지금은 모두 꽃과 같은 시간으로 추억된다. 아이들을 서울로 진학시키고 좁은 원룸에 네 식구가 편히 누울 곳 없어 칼잠을 자고, 신발까지 방 안에 넣어 놓아야 하는 시간들도 지내놓고 나니 꽃과 같은 시절이었다. 꽃과 같은 세월은 그 뒤에도 여러 번 이어졌다. 최근까지 나의 시간들은 꽃과 같았다.

꽃이기에 그렇다. 꽃은 수만 가지가 있다. 깨알보다 더 작은 것에서 사람 덩치보다 더 큰 꽃까지, 봄에 피는 꽃에서 겨울에 피는 꽃까지, 물속에서 자라는 꽃에서 고산지대에 자라는 꽃까지, 갯벌에서 자라는 꽃에서 사막에서 자라는 꽃까지, 꽃은 그래서 꽃처럼 아름답고 고귀하다. 내가 쓴 시 중에 「너도 누군가의 달이다」는 시가 있다.

한 번씩 낮에는 해와 달이/ 동시에 떠 있기도 하지만/ 밤에는 그대로 달이 주인이다/ 누가 뭐래도 그렇다/ 그믐달이라고/ 초승달이라고/ 반달이라고/ 누구도 함부로 대하지 않는다/ 달이기 때문이다/ 너도 / 누군가의 달이다

달이 그렇듯 꽃도 함부로 대하지 않는다. 작다고, 크다고, 밉다고, 아무도 손가락질 하지 않는다. 꽃이기 때문이다.

어느 정치인이 '별의 순간이 오고 있다'는 말을 했다. 결국 그 당사자는 별을 땄다. 정치인에게 별은 상좌에 오르는 것이다. 우주의 별은 수조 개지만 인간사의 별은 오직 하나다. 별이 되느냐 마느냐 둘 중에 하나뿐이다. 우주의 별은 모두 공존하지만 세상의 별은 별이 된 별 하나에 종속될 뿐이다.

꽃은 그렇지 않다. 봄에 핀 꽃도 가을에 다시 필 수 있다. 청춘에 피지 못한 꽃도 중장년이 된 후에도 필 수 있다. 꽃은 실패가 없지만 별은 오직 하나 외에는 모두가 실패다. 외형적인 꽃뿐 아니라 내면에 활짝 핀 꽃도 꽃이다. 꽃이 있어서 다행이다. 꽃의 시절이 아직도 끝나지 않았다.

2부

위에서 본 세상

뭉크의 〈절규〉

뭉크의 그림 〈절규〉는 역사상 가장 비싼 그림 중에 하나다. 2012년 경매가가 1355억 원이었다. 뭉크는 그림을 그리게 된 동기를 이렇게 말했다. "어느 날 해 질 녘에 나는 길을 걷고 있었다. 한쪽으로는 시가지가 펼쳐져 있고, 밑으로는 강줄기가 돌아나가고 있었다. 마침 해가 떨어지려던 때여서 구름이 핏빛처럼 새빨갛게 물들고 있었다. 그때 나는 하나의 절규가 자연을 꿰뚫으며 지나가는 것을 느꼈다. 나는 그 절규를 정말 들었다고 생각했다."

뭉크가 들었다고 생각한 것은 핏빛과 같은 구름 속에서 소스라치게 외치는 소리였다. 그는 실제로 그 소리를 들었다고 생각했다. 이것을 바탕으로 그린 그림이 〈절규〉였다. 오로지 이 소리는 뭉크만 들었을 가능성이 크다. 그 붉은빛조차 뭉크만 봤을 수 있다. 그러나 그는 분명 들었다고 생각했다. 그 붉은 구름이 천문학적인 가치를 지닌 그림의 소재가 됐다.

사람들은 코로나를 보고 절규하기 시작했다. 누군가 따라 절규하기 시작했고, 시간이 지나자 과거에 학습된 사람들과 조직들도 따라 절규하기 시작했다. 누군가 한 사람으로부터 시작된 절규는 따라 하기로 이어졌고 바이러스처럼 전 세계로 전파되었다. 정부로부터 시작된 이 절규는 정치권으로 순간이동했다. 오직 국민의 건강과 안전을 갈구하는 정부는 어떻든 이 절규를 국민 모두가 따라 하기를 기대하는 것처럼 언론매체를 통해서 전파시켰다. 정부에서는 돈을 살포했다. 예전 같으면 포퓰리즘이라 했을 일이다.

흑사병이 세상을 공포의 도가니로 몰아넣었던 14세기 유럽처럼 세상은 문을 걸어 닫고 외부와 차단을 했다. 밥을 같이 먹는 것도 금지됐다. 학교도 가지 못하고 회사도 재택근무를 했다. 사회적 거리 두기는 코로나 이후에도 지배할 듯하다. 세계는 거의 멈춰 섰다. 숨도

멎어가고 있다.

코로나 바이러스 앞에 현대인들은 뭉크를 따라 하는 것처럼 보였다. "내가 본 것은 바로 뭉크가 봤던 그 핏빛처럼 붉은 죽음의 구름이라고, 우리는 모두 절망해야 한다고, 그러니 소스라치고 까무러치고 숨도 쉬지 말자고, 동반자살 소동을 벌이자고" 옷자락을 끄집어 당겼다.

코로나 바이러스와 뭉크가 본 붉은 구름은 같은 것일 수도 아닐 수도 있다. 이것을 보고 절규할 것인가, 붉은 노을로 규정하고 밤이 오고 있다는 것을 직감할 것인가, 그것은 각자의 몫이다. 세상 모든 사람들이 절규하든지, 누군가 이것은 만들어진 거짓절규라고, 이 절규 그만하자고 할 때까지는 이런 형식의 절규는 계속될 것 같다. 이 절규에 절규하지 않을 수 없다.

팬데믹

며칠 전까지만 해도 미처 몰랐다. 어릴 적 동네 누님들이 털실로 짜준 성근 입마개가 그렇게 귀한 것인 줄을. 연애 초년 시절에 아내가 처음 선물한 입마개가 그렇게 쉽게 오지 않았을 것이라는 것을. 서툰 뜨개질 솜씨로 짠 입마개 하나로 그해 겨울은 뜨거웠다. 아직 서양문물이 덜 들어왔을 당시에 마스크라는 말을 쓰지 않았다. '입마개'라 불렀다.

뜨개질로 짠 입마개는 얼굴을 한기로부터 보호하기 위한 것이었다. 그러니 시원한 바람은 곧잘 입으로, 코로 들어와 숨 쉬는 데 어려움이 전혀 없었다. 찬 기운과 뜨거운 기운이 교차하는 입마개 곁에는 이슬이 송

골송골 맺혔다.

단 몇 분소차 숨쉬기 어려운 조밀한 극세사 마스크
가 숨통을 틀어막는다. 사랑과 애정의 징표로 뜨개질
하고 선물했던, 그 징표로 끼고 다녔던 입마개가 마스
크로 변신하여 사람들의 숨을 조인다. 겨울이 아닌 이
'찬란한' 봄에 말이다. 그래서인지 엘리엇은 잔인한 4
월이라고 내뱉었다. 찬란한 봄에게 잔인한 4월이라니.

마지못해 팬데믹을 선언했다. 세상과 강대국 눈치
보다가 버스 다 떠난 뒤에야 뒷북치는 격이다. 강대국
눈치만 본다고 욕을 얻어먹기도 했다. 그러나 선언을
해야만 팬데믹이 되는 것은 아니다. 이미 오래전에 팬
데믹은 도처에 만연해 있었다. 사람들은 선언하고 난
후에야 팬데믹이 되는 것인 줄 안다. 하지만 보이는 것
들은 나타난 것으로 말미암지 않는다. 훨씬 근본적이
며 그 훨씬 이전에 전조가 있었고 보이지 않게 만연되
어 있었다. 단지 느끼지 못할 뿐이고 선언하지 않았을
따름이다.

코로나 바이러스와 같은 질병의 팬데믹은 시간이
가면 청정지역으로 바뀌게 된다. 방역 여하에 따라서
는 조기에 종식될 수 있다. 결코 영원하지 않다. 우리

가 앓고 있는 더 아픈 팬데믹, 치유 불가능한 팬데믹이 있다. 시간이 가면 갈수록 절망적이며 극세사 KF99 마스크로도 걸러낼 수 없는 치명적인 이 질병은 이미 팬데믹 상태다. 사람들은 애써 외면하기도 한다. 그렇지 않을 것이라 스스로를 타이르기도 한다. 정책가들은 합리화하다가 네 탓이라고 밀어붙이기도 한다.

14세기에 유럽을 죽음의 도가니로 몰아넣었던 흑사병처럼 스산한 공기가 온 누리에 엄습하고 있다. 들고양이들이 주인을 자처하고 유기견들이 들개가 되어 휑한 들판을 쏘다닌다. 작은 마을에 동기생이 열 명이 넘었고 줄 지어 등교를 했던 초등학교는 폐교가 되어 나자빠져 있다. 집을 지키는 것은 구순의 노모와 고양이들. 무엇으로 이 치명적인 팬데믹을 치유할 수 있을까? 동네 누님들이 짜준 성근 입마개가 오늘따라 그립다.

이탈리아

　　　　　　나는 이탈리아 북부 피사에서 제
노바로 가는 완행기차를 타고 여행 중이다. 기차의 진
행 방향과는 반대 방향으로 앉아 있다. 기차는 느리다.
반대 방향으로 앉으면 진행 방향으로 앉을 때보다 창
밖의 사물들이 느리게 사라진다. 나는 이 기차에 앉아
이탈리아가 우리나라보다 더 많이 가졌다고 생각되는
것들을 적고 있다.

　느린 걸음, 더 맑은 하늘, 푸른 잔디, 작은 카페, 그
카페에서 병아리 눈물만큼 작은 에스프레소 한 잔 두
고 나누는 웃음과 대화, 약간의 무질서함과 그 속에서
자연스럽게 지켜지는 질서, 본주르노와 차오! 차오! 하

는 인사, 눈치 없는 큰 소리의 전화 통화, 당당한 담배 연기, 뒷골목에 버려진 쓰레기와 개똥, 창가의 화분, 붉은 지붕과 하얀 벽, 단조로운 해변과 비치파라솔, 그 아래에서 일광욕을 즐기는 반라의 사람들, 활엽수 나무와 그 아래의 벤치, 철도역에 버려진 객차, 이제는 다니지 않아 잡초 무성한 레일,

곳곳의 낙서, 타바키아라고 하는 우스운 가게, 부부나 연인끼리 잡는 손, 여자 버스 운전사, 큰 성당, 십자가에 못 박힌 그리스도, 셀카봉 파는 흑인 총각들, 거리의 악사, 주인 따라 구걸하는 개, 창밖의 빨래, 공원과 운동장에서 뛰노는 아이들, 높은 성과 성벽, 폰테라고 하는 오래된 다리, 피자와 발음이 비슷한 피아자와 피체리아, 시간과 장소에 상관없이 퍼붓는 키스, 귀걸이와 피어싱, 문신, 찢어진 청바지, 로또 파는 가게, 어두운 현관과 방, 옛날 할머니들이 치마 속에 차고 다녔던 것과 비슷한 열쇠꾸러미, 시계탑과 그 아래의 작은 광장, 젤라또라는 아이스크림, 스쿠터 소리와 매연,

여행 가방과 배낭족, 시내에서 심심찮게 만나는 기차 승무원, 나이 많은 올리브 나무, 풍력발전기, 주말마다 열리는 야시장, 언덕과 산꼭대기에 있는 작은 동

네, 텔레비전 안테나, 셀프 바, 우산처럼 생긴 소나무, 싸지만 괜찮은 호텔, 연착하는 기차, 가리발디와 쥐세페라는 이름의 거리, 동상, 나도 모르는 사이에 씌워져 있는 바가지요금, 바닷가의 기차역, 귀를 아프게 하는 앰뷸런스, 장갑차와 군인, 박물관과 미술관, 시티투어 버스, 트램, 미끄럼틀과 시소.

얼마나 지났는지 모른다. 다시 펜을 들었다. 사람들이 다니지 않는 거리의 정적, 소리를 앞질러 달리는 앰뷸런스, 군용차량들, 검은색 옷 입은 사람들의 행렬, 조화弔花, 할 일 없는 밀라노 광장의 비둘기, 멀리 퍼져나가지 못하는 성당의 종소리, 사라진 거리의 악사들, 발코니에서만 들려오는 노랫소리, 시끄럽기로 소문난 이탈리아 사람들의 정적, 정적, 정적.

어떤 확신

그렇다면 내 의식체계나 정신을 컴퓨터에 업로드도 가능하겠군요. 몸은 죽었지만 정신이라고 할까요, 영혼이라고 할까요, 기계 안에 담겨서 생각도 하고 고뇌도 하고 즐거워하고, 복사를 해서 다른 곳에 가져가기도 하고. 작은 칩 같은 아주 작은 곳에 '나'라는 사고의 존재가 담겨 있다는 것을 생각하면, 아! 그런 세상은 오지 않았으면 해요. 죽은 것도 아니고 그렇다고 살아 있는 것도 아니고.

그렇긴 해요. 하지만 2045년까지는 가능할 거예요. 이런 상황을 상정하여 이미 영화가 나왔어요. 〈트랜센던스〉가 바로 그 영화예요. 이때를 싱귤래리티라고 하죠. 겁나는 일이군요. 두려워해야 할 일 아닌가요? 저는 긍정적으로 봐요. 나 또한 세상이 빨리 변하지 않기를 바라지만 나의 의지와 상관없이 세상은 미래를 향해 달려가고 있어요. 변화를 원하는 부류가 더 많기 때문이죠.

미래학자들이 볼 때 미래는 즐겁고 행복한 것 같지만 저 같은 사람은 불안하고 두려워요. 긍정적인 것들이 많죠. 대표적인 것은 무언인가요? 2045년이 되면 싱귤래리티가 돼서 컴퓨터가 인간만큼 똑똑해지고, 인간을 대체할 수 있고, 인간은 베짱이처럼 놀기만 하고, 로봇을 부려먹고, 이것 해 저것 해 명령하는 거죠. 인간이 조종당하는 거 아닌가요?

결국은 이렇게 말하게 될 겁니다. "They are our children." 그들은 우리의 아이다, 우리의 자손일 뿐이다, 우리가 다 관리하고 조정할 수 있다는 거죠. 미래 영화를 보면 그렇지 않잖아요? 영화는 악인을 만들어야 긴장관계가 형성되니까요. 악인이 없으면 재미가 없어요. 영화를 안 봐요. 거기에 딱 맞는 것이 007 영화예요.

싱귤래리티 이후의 사회가 지속된다면 인간과 컴퓨

터가 역전되어 인간 두뇌를 능가할 것이고 인간은 인공지능에게 지배를 당하게 될 것 같은데요. 지금도 컴퓨터는 인간을 능가했어요. 그것을 미리 예측해서 1950년에 미래학자들이 이미 로봇 관련 법을 만들었어요. 로봇은 인간의 말에 복종해야 한다, 로봇은 자신의 몸을 파괴할 수 없다 이런 거예요.

왜냐면 비싸게 만들어 놨는데 파괴하면 안 되잖아요. 로봇을 만들 때 법을 그들 안에 집어넣어요. 컴퓨터가 인간에게 저항하지 않도록 프로그래밍해 놓은 거죠. 지구에 인간이 70억 명 있어요. 이들은 온갖 생각을 하잖아요. 그래서 이런 사태를 예상해서 미리미리 준비를 해 놓는 거죠. 이렇게 되면 큰일 나겠네, 라고 걱정하겠지만 하지만 다 준비되어 있어요. 1950년에 이미 명확하게 정의해 놓은 거예요. 인간은 이해할 수 없는 것을 두려워해요.

지속가능성에 걸다

일론 머스크가 우주로 날았다. 그에게 있어서 장애물은 없는 듯하다. 있다면 오로지 자신의 상상력의 종말일 뿐이다. 그는 왜 우주로 날았을까? 이 땅 지구에 더 이상 내일이 없을 것으로 예상했기 때문은 아닐까? 당신은 오늘 같은 내일을 얼마나 확신하는가? 어제 같고 오늘 같은 세상은 더 이상 존속할 수 없는 쪽으로 급격히 기울어지고 있다는 위기감은 나만의 일인가?

어떤 분이 물었다. 내가 사는 동네가 어떤 모습이 되기를 원하느냐고? 그 모습을 위해 어떤 노력을 하고 있냐고? 물론 내가 사는 동네의 모습을 그리지 않는 것은 아니다. 그러나 그것은 사치에 불과하다. 내가 지금 당장 원하는 것은 내일도 오늘과 같은 정도의 모습이다. 성장이니 발전이니 하는 것들은 지금으로 봐서는 정책자들이 내거는 장밋빛 홍보물에나 가능하다. 존재 자체가 불투명한데 오늘 정도의 모습으로 존재만 가능하다면 모습이 어떤들 어떻겠는가?

내가 '지속가능성'이라는 단어를 처음 대했을 때는 15년 전 환경업무를 맡았을 때다. 지속가능한 사회라는 말에 속으로 코웃음을 쳤다. 지속가능하지 않은 사회는 상상되지 않았다. 청결한 환경, 두 자리 숫자로 발전하는 경제, 치솟는 부동산 가격, 오르는 월급, 어디든 원하는 곳에서 일할 수 있는 일자리, 그 무엇 하나 장밋빛 내일이 기대되지 않는 것이 없을 때였다. 이 단어는 사람을 겁주거나 학문적인 용어 정도로만, 정부에 볼멘소리나 하는 환경주의자들이나 떠들어 대는 용어 정도로 치부했었다.

불과 15년도 채 흐르기 전에 나는 이 말에 무릎 꿇은 사람이 됐다. 어느 말도 이것보다 소중하게 여기는 것이 없게 됐다. 이것이 담보되는 일이라면 물불 안 가리고 뛰어들 만큼의 심정이다. 밭을 갈다가 금은보화를 발견한 농부처럼, 전 재산을 다 팔아서라도 그 밭을 샀다는 성경의 이야기처럼 내가 가진 무엇을 담보로 맡겨도 아깝지 않은 가치가 됐다.

내가 사는 동네가 어떤 모습이기를 원하느냐고 물었던 분에게 이렇게 대답했다. "내가 원하는 '어떤 모습'은 사치입니다. 단지 오늘 같은 동네의 모습이 내일 지속하기만 바랄 뿐입니다."라고. 겉으로는 무성한 나무이파리처럼 보이지만 거의 잘려나간 밑둥치를 봤을 수 있다. 무엇에 씌어 헛것을 봤을 수 있다. 그렇기를 바란다.

한 발 한 발 가까워지는 단절의 시대, '누가 누가 잘하나'로 승부를 가르는 시대는 성장주의 시대의 가치였다. 이제는 '누가 누가 오래 버티나'로 승부가 결정되는 시대로 진입하고 있다. 오래 버티는 놈이 이기는 것이다. 씨름판이 그랬던 것처럼.

예견된 미래

믿고 싶지 않지만 세상은 누군가 예견해 놓은 대로 가고 있다. 차라리 예견하지 않았다면 그런 일이 일어나지 않았을 것이고 일어나지도 않을 것이다. 지구온난화로 북극과 남극에서 벌어지고 있는 현상을 나는 믿고 싶지 않다. 사실이 아니라고 극구 부인하고 싶다. 하지만 내가 부인한다고 해서 그 일이 일어나지 않는 것은 아니다. 주지의 사실은 누군가 '예견' 했다는 것이다.

예견 없는 사건은 일어나지 않을 수 있다. 그러나 불행히도 세상 운명은 아주 세밀하게, 철저히 예견되었다. 그것도 소시민으로부터 선견자들에까지, 오래전부터, 철저하게 말이다. 그들이 의식적으로든, 무의식적으로든, 학술적으로든, 통계적으로든 어떤 데이터를 가지고 예견했는지 여부는 중요하지 않다. 사실 물리적인 증거는 없지만 물밀 듯 밀려오는 확신이 더 무서울 수 있다. 물증은 확보하지 못했지만, 정황상 범인임이 확실하다 하더라도 그를 사실범이라고 확정할 수 없는 경우처럼 말이다.

바이러스를 다루는 영화가 여러 편 상영됐다. 2011년의 〈컨테이젼Contagion〉은 그중에 하나다. 〈컨테이젼〉을 보면 소스라치게 놀라지 않을 수 없다. 타임머신을 타고 2020년을 미리 경험하고 돌아가 2011년에 영화를 만들었다고 말할 수밖에 없는 이 불안함, 누군가는 정확히 인류의 미래를 예견하고 있다는 것을 알려주는 사례다.

굳이 성경의 예언서를 들출 필요까지 있을까? 창조부터 시작한 성경은 이집트 포로와 바벨론 포로로 이어지는 유대인들의 억척스러운 인생행로지만 결국은 메시아의 탄생과 인류의 종말로 이어지는 범지구적 다큐멘터리다. 이것을 믿든 믿지 않든 그것은 중요치 않다. 누군가 예견했다는 것이 중요하다.

다행히도 인간에게는 선택의 자유가 주어졌다. 믿는 것과 믿지 않는 것에 대한 자유다. 하지만 그 자유에 의한 판단과 선택의 결과에까지 자유가 주어지지는 않았다. 이것이 불행이다. 단지 그 결과는 모든 인류가 공동의 책임을 져야 한다. 인류 심판과 같은 대재앙뿐 아니라 질병과 같은 것이 그렇다.

안된 일이기는 하나 그 '인류' 안에는 '나'도 포함되어 있다. 철저히 누군가 그려 놓은 설계도대로 가고 있다. 설계도가 없다면 차라리 인류는 원하는 대로 행복하고 자유로울 것이다. 그렇다면 누군가 예견해 놓은 설계도를 고칠 수 있을까? 영화 〈컨테이젼〉은 클로징에 와서야 영화가 시작된다. 누군가 정확히 예견해 놓았다는 것을 또렷이 말해주려는 뜻일 것이다. 클로징이 끝나면 영화는 영화가 아니라 현실이 된다.

우 주 한 알

　　　　　　　　반려동물이 사람보다 더 존중받
는 세상이다. 단순히 반려동물을 넘어 가족으로 신분
상승이 된 지 오래다. 그래서 사람들은 스스로 반려동
물의 '엄마', '아빠'라 불리기를 주저하지 않는다. 세
상이 변해도 많이 변했다. 북극 시베리아 온난화로 겨
울 한파가 몇십 년 만에 극성을 부렸다. 눈조차 내려
모처럼 겨울다운 추위를 경험했다. 이 추위가 싫지만
않은 것은 온난화 현상이 다소 누그러진 것이라는 막
연한 기대 때문이기도 했다.

　우리 집 강아지 봄이는 그래도 '복덩이'라 자부한
다. 불과 열 가구 정도 되는 산비탈의 작은 마을이지만

대부분의 개들은 한 달이고 두 달이고 목줄에 매여 살아간다. 그런 반면에 우리 봄이는 아침마다 산책이요, 겨울에는 따뜻한 물이요, 사랑을 독차지한다. 물론 이것은 순전히 나 개인적인 편견이기도 하다.

그런데 봄이도 문제가 있다. 추운 겨울에 이불을 깔아주면 그것을 참아내지 못하고 바깥으로 물어내 버린다. 그러니 방한복을 입혀준다는 것은 봄이에게는 상상도 못할 일이다. 털이 보슬보슬하지만 그것으로 방한복 역할을 할 수 있을지 걱정이 된다. 그래도 8년 동거하면서 단 한 번도 감기 걸린 적 없는 봄이다.

나무도 방한복을 입는다. 좀 더 정확히 얘기하면 겨울눈이 그렇다. 가을에 잎이 떨어지고 나면 눈이 나오는데 이 눈은 여려서 차가운 날씨에는 상처 입기 십상이다. 그래서 자연적으로 비늘 모양의 껍질이 눈을 감싸게 되는데 이것을 아린芽鱗이라고 한다. 물고기의 비늘과 같은 겉껍질이 연한 눈을 보호하고 있는 것이다. 비늘로 감싸인 눈을 인아鱗芽라고 하고 아린이 없는 눈은 나아裸芽라고 한다.

동물뿐 아니라 이처럼 식물도 겨울에는 옷을 입는다. 산길로 난 산책길에 생강나무가 한 그루 있다. 8년을 다녔지만 그곳에 생강나무가 있다는 것을 인식하지 못했다. 아린을 알고 난 후 세상을 보는 또 하나의 시선이 추가됐다. 섬세함이 더해진 시선이다. 대부분 나무눈은 콩알 하나보다 작거나 비슷하다. 이것이 겨울 동안에 눈으로 남아 있다는 것을 잘 알지 못한다. 아린을 알고 난 후에는 이 작은 생명이 내 눈에 들어오기 시작했다.

나는 산책을 할 때 휴대폰을 꺼내 사진 찍기를 자주 한다. 기막힌 광경을 두고 그냥 지나칠 수 없기 때문이다. 이제 막 돋아나는 이파리, 숲 사이로 가늘게 투과되는 빛, 그 위에 얹힌 연한 가지, 매일 같은 길을 걷지만 단 한 번도 같은 게 보이지 않는다. 매일 나를 무릎 꿇게 만든다. 이것이 산책이 주는 즐거움 중에 하나다. 오늘은 아린에게 무릎 꿇었다.

시베리아 독수리와 북태평양 연어

강남 갔던 제비가 춘삼월이 되면 한반도로 돌아온다. 세상이 초현실주의 시대가 되어 제비 정도는 사람들의 눈에 잘 들어오지 않지만 눈여겨보면 영락없이 제비는 오고 간다. 제비는 한반도에서 집을 짓고 새끼를 낳은 후 늦가을에는 다시 강남으로 돌아간다. 그러니까 제비는 강남과 한반도를 셔틀 운행한다.

평사리는 또 다른 셔틀이 운행하는 종착점이자 출발점이다. 좀 더 정확히 말하자면 평사리 백사장이다. 11월 하순이 되면 시베리아에서 살던 독수리들이 섬진강으로 날아든다. 적어도 수십 마리는 된다. 드넓은 하얀 겨울 백사장을 활주로 삼아 빠른 걸음으로 내닫다가 하늘로 비상한다. 구재봉과 형제봉 하늘 위를 저공비행하다가 백사장으로 안착하는 모습은 어떤 생태 다큐멘터리보다 감동적이다. 용기를 내어 가까이 다가가서 녀석들의 크기를 측량해 보면 적어도 초등학생 저학년의 덩치는 된다.

비슷한 시기에 평사리 백사장 섬진강에는 전라도와 경상도를 가로지르는 거대한 그물망이 쳐진다. 북태평양 연어들의 회귀량을 조사하는 시설물인데 전라남도와 경상남도가 번갈아 가면서 계수하고 결과를 공유한다.

나는 이것을 하나의 기적으로 본다. 모세의 기적만이 기적이 아니라 정해진 시기에 정해진 땅에 정확히 돌아오고 내려앉는 이 자연의 순리가 기적이 아니면 무엇일까? 평사리는 그런 곳이다. 차가운 북태평양을 떠나 수십만 리를 헤엄쳐 돌아오는 연어 떼와 북태평양 고기압을 등에 업고 수만 리를 비행하여 날아온 독수리는 평사리에서 만나고 비슷한 시기에 각자의 삶터로 돌아간다. 평사리가 종착점일 수 있고 출발점일 수 있다.

사람도 그렇다. 정처 없이 떠도는 것도 나쁠 것 없지만 정해진 두 공간을 셔틀 운행하는 것도 약간의 긴장감을 갖게 하고 일상에서 탈피할 수 있게 한다. 그렇게 하기 위해서는 평사리 백사장과 같은 안락한 처소가 있어야 한다. 따뜻한 남쪽 나라 강남이나 추운 시베리아 벌판, 북태평양에서는 가질 수 없는 특별함이 있어야 한다. 극한의 더위와 추위를 견뎌내다가 마음만 먹으면 은신할 수 있는 곳이 있어야 한다. 특정 장소일 수도, '어떤' 사람일 수도 있다.

춘삼월이 돌아오면 북태평양으로 연어는 새로이 떠나고 독수리들도 시베리아 벌판으로 돌아가지만 그 자리는 강남의 제비가 차지하게 될 것이다. 연어처럼, 독수리처럼 마음먹으면 갈 수 있는 곳, 내 마음이 셔틀 운행할 수 있는 곳이 있어준다면 이 난세를 이겨내기가 수월할 것이다. 연어와 독수리의 평사리 백사장처럼. 그대에게 평사리 백사장 하나쯤은 있는가?

달 마중, 달마 중

사람들은 이름대로 살아가는 경우가 허다하다. 내 경우에는 그렇다. 문환文煥이니 글을 좀 써 보라는 아버지의 의중이 들어갔을 수 있다. 이것이 소리글자로 바뀌어도 개념은 성립된다. '문'은 영어로 'moon'이다. 달이 밝게 빛나는 것을 뜻한다. 그래서 영어식 닉네임을 'moonlight'로 표기하곤 한다. 인생은 옳고 옳지 않고의 문제라기보다는 무의식 속이라도 그렇게 인식하면 바뀌게 되고 그 길로 걸어가게 되는 것 같다.

어떻든 나는 글쟁이 수준은 아닐지라도 글을 쓰는 사람이 됐고, 달을 좋아해 달과 관련한 음악을 좋아하고 달을 배경으로 한 시와 사진도 많다. 이름대로 살고 있다는 것을 굳이 다른 사람을 통해 증명해 보일 필요는 없다.

놀루와를 창업하고 그해 늦가을부터 시작한 것이 '달마중'이었다. 백사장에서 달을 보며 월광곡을 듣고 시를 감상하는 것이 전부였다. 올해로 6년째를 맞이했다. 한국관광공사에서도 인정을 해 대한민국야간관광 100선에 선정됐다. 다른 100선들은 대부분 교량이나 고택, 성곽과 같은 건물에 조명을 투사한 것들이다. 우리는 오로지 달과 천연자원에 예술적 터치만 약간 가한 것뿐이다.

나는 스님들을 잘 알지 못하지만 스님들 중에서도 젠틀하신 분들이 더러 계신다. 그분 중에 한 분이 유머를 토해 놓으셨다. 섬진강에서 달마중을 한다고 하니 대뜸, 왜 '달마 중'이냐, '달마 스님'이라고 하면 더 품위가 있어 보이지 않겠느냐? 하시면서 너스레를 떠셨다. 일순간 주변에 한바탕 웃음이 토해졌다.

불교에 심취하신 분들은 달마중을 들으면 '달마중'으로 들리나 보다. 다른 경우도 몇 번 있었다. 처음에는 잘 이해를 못 하시다가 이야기가 계속 이어지게 되니 그 문맥을 통해서 이해를 하곤 했다.

한국어에 띄어쓰기는 지뢰밭을 걷는 것과 같다. 그간 몇 권의 책을 발간하면서도 가장 애를 먹은 것은 띄어쓰기였다. 이 부분은 아예 전문가의 영역으로 치부해 버릴 만큼 내가 정복하기는 불가항력적인 것이었다. 띄어쓰기 하나가 '달 마중'이 되고 '달마 중'이 되는 일들이 어디 하나둘일까? 내게 편하게 들리는 말이 있다는 것은 살아온 여정이 그랬을 수 있다. 내가 듣고 싶은 대로 듣는다. 그것은 곧 들리는 대로 들은 결과다.

삶에서도 띄어쓰기는 아무나 해낼 수 없는 불가항력의 영역일까? 현대인들에게 달을 맞이하러 가는 것이 흔한 일도 아니지만 삶에서 띄어쓰기 하나만 잘해도 달은 보이고 달마중 떠날 수 있다. 무엇을 띄어서 살까? 어떻게 띄울까? 어디를 띄울까? 오늘부터 고민해 볼 숙제다.

이상적 거리

　　　　지구와 태양의 거리는 1억 4960
만 km다. 빛의 속도로 달려오면 8분 20초가 걸린다.
태양과 금성과의 거리는 1억 820만 km, 태양과 화성과
의 거리는 2억 2800만 km다. 태양계의 마지막 별이라
할 수 있는 명왕성과 거리는 60억 km다.

　인간이 지구별에 살게 된 것은 1억 4960만 km가 준
선물이다. 인류가 다른 행성의 생명을 찾아 떠난 지 반
세기가 넘었다. 우주선이라는 도구를 활용해서만 그렇
다. 그보다 훨씬 이른 지금부터 수백 년 전 아니 수천
년 전부터 인류는 또 다른 지구를 찾아 떠났었다. 비록
지구라는 별에 앉아서 떠난 여행이기는 하지만.

금성은 지구보다 약 4천만 km 가까이 있음으로, 화성은 지구보다 7800만 km 멀리 있음으로 생물이 살 수 없는 무생명지대가 됐다. 그렇다면 지구는 그 절묘한 거리에 있는 셈이다. 이 절묘한 거리가 생존지대로 만들어 놓았다.

하동이라는 작은 별이 있다. 그중에서 악양이라는 더 작은 별이 있다. 이 동네는 꼭 손바닥 같아서 손바닥 가장자리에 서른 개의 동네들이 반짝거리며 언덕에 걸터앉아 있는 모습을 하고 있다. 그러니까 가운데 부분은 뻥 뚫려 있고 동네가 아닌 넓은 들판이 차지하고 있다. 겨울이 되면 들판은 비어있고 봄부터 가을까지는 초록으로, 황금색으로 변하게 된다.

이쪽 동네와 건너편 동네와의 거리는 직선으로 하면 약 4km. 이 절묘하고 기이한 거리가 태양과 지구와의 거리처럼 이상적인 거리가 됐다. 잡으려고 달려가면 도망가고 도망가다가도 잡힐 듯하는 이상적 거리가 악양이라는 동네를 형성했다. 금성처럼 태양과 조금 더 가깝든지 화성처럼 조금 먼 거리라면 잡히고 도망가 버렸을 것을 이상적인 거리가 잡히지도 그렇다고 영원히 떠나버리지 않는 절묘한 거리가 됐다.

이 거리는 지구와 태양의 거리처럼 숫자로 계산할 수 없다. 숫자로 계산할 수 없는 말 그대로 '이상적' 거리이기 때문이다. 측정하려고 하면 도망가고 그냥 두면 눈에 아른거리는 무릉도원이나 파라다이스의 숫자이기 때문이다.

이상적 거리가 악양을 악양되게 만들었다. 다른 것은 이상적 거리에 보조 격 역할만 할 뿐이다. 부부송이든지, 평사리라든지, 백사장이라든지 하는 것들은 이 이상적 거리에 얹혀 있는 하나의 객체일 뿐이다. 모든 것은 바로 이상적 거리가 만들어낸 현상이다.

이상적 거리는 그런 것이다. 다른 모든 것을 상대화시키고 객체화시키는 역할을 한다. 이상적 거리에서 한 걸음이라도 물러나거나 가까이 있을 때 차가움과 뜨거움을 겪게 된다. 사람의 일도 그렇다.

닿아있다

나는 할아버지를 뵙지 못했다. 할
머니도 그렇다. 그래서 그분들이 어떤 분이었는지 궁
금하다. 할아버지의 아버지, 할아버지의 할아버지도
분명 계실 것이다. 단지 내가 뵙지 못한 것뿐이다. 족
보를 보면 나는 창녕 조씨 승지공파 24대손이다. 시조
할아버지라고 해서 하늘에서 떨어지지 않았을 것이 분
명하다. 시조 할아버지를 낳으신 부모님이 계실 것이
고 그 족보는 내가 알지 못하는 곳까지 이르게 될 것이
다.

족보가 그럴진대 역사는 더 말할 나위가 없다. 빛나
는 역사든 암흑천지와 같은 역사든 그 역사의 *끄나풀*

을 붙잡고 면면히 이어져 왔다. 어두운 역사라고 해서 역사에서 지워지지 않으며 지울 수도 없다. 명명백백히 밝힐 수는 있지만 지워지지 않는 것이 역사다.

도시라는 것도 그렇다. 오늘날 브라질의 쿠리치바를 세상에서 빛을 발하게 했던 아이메 레르네르 시장은 '가족사진에서 미운 사람을 오려 낼 수 없듯이 도시의 어두운 부분도 우리 시의 일부분이기 때문에 오려낼 수 없다'고 했다. 어두운 역사라고 해서 오려 낼 수 없는 것과 같다.

문명의 발전도, 과학의 진보도 하늘에서 떨어지듯 그 홀로 발아한 것은 어느 것도 없다. 모두 연결되어 있다. 오늘의 내 모습조차 어제의 생각과 행동에 그 근원을 두고 있다. 굳이 나비효과라는 것까지 들먹일 필요가 있을까?

종교가 과학을 지배하고 온 세상의 원리를 지배할 당시에 지동설을 주장했던 용기 있는 사람들을 통해서 과학이 태동되고 이들에게서 만유인력이라든지 태양계 운동이라든지 우리가 상상조차 할 수 없는 과학적 현상들이 발견되고 있다. 이런 초연결성에 의존해서 민간인 우주여행이 이미 실현됐고 화성개발도 시작됐다. 17세기 초 네덜란드의 크리스티안 하위헌스는 직접 유리를 갈아서 전체 망원경을 제작하여 금성의 크기까지 측정했다. 이것이 화성탐사에 닿아있다.

나는 괴테의 생각에 닿았다. 그가 완벽한 미라고 생각했던 이탈리아 소렌토 미네르바 곶에 서서 카프리와 미네르바 곶 사이로 지나가는 범선의 모습을 상상했고, 내 방식의 완벽한 미를 연출하기 위해 섬진강 달마중이라는 문화기획물을 만들었다. 위인과 닿으면 위인의 생각이 내 몸 속으로 들어오게 된다.

같이 살아도 닿지 않으면 사는 게 아니다. 피부를 맞대고 산들 의식과 정서적 공감대가 닿지 않으면 같이 사는 것은 의미 없다. 어떻든 닿아야 한다. 닿지 않고 역사를 만들어 낼 수 없다. 오늘 아침 나는 라디오에서 흘러나오는 음악으로 하루를 시작했다. 연주자와 작곡자와 선율을 통해서 닿았다. 이들의 과거와 현재와 닿았다.

400억 광년의 환희

          다니카와 슌타로는 20억 광년*
속에서 무한한 고독을 참아내는 중이다. 우주는 매일
팽창하고 그 팽창 속에서 슌타로는 고독을 넘어 재채
기를 토해낸다. 팽창 속에서 더 커질 고독을 두려워했
을지 모를 일이다.

   영상 8도의 포근하고 고요한 겨울 아침이다. 뭉게구
름이 털실로 엮여 하늘을 수놓고 그 사이를 넘실거리
며 날아다니는 철새 한 마리가 정지됐던 구름을 흩어
놓는다. 우주선 밖으로 나와 유영을 하는 우주인처럼
그는 무한한 자유의 몸짓을 온 하늘에서 뽐내는 중이
다.

나는 작은 숲속에서 느꼈던 안락함을 추억한다. 어릴 적 들판 한가운데 쌓아 놓은 짚동을 파고 들어가 만든 동굴 속에서의 자유는 숲속의 자유를 초월한다. 그 고요함, 그 자유로움, 그 정적과 적막을 나는 잊을 수 없다. 낯선 역이나 터미널에서 내려 아무도 반겨 주지 않는 플랫폼을 빠져나와 차갑고 건조한 모래알처럼 빼곡한 사람들 속으로 파고 들어갔던 나는 군중 속의 이방인이 되고 고독한 사람으로 홀로 서 있었음을 기억한다. 아무도 나를 알아주지 않고 아무도 나를 반겨주지 않는 도시의 거리에 몸서리치고 슌타로처럼 고독 속에서 재채기했었다.

어디 슌타로만일까? 이 우주라는 좁은 공간에서 몸서리치게 고독하고 쓸쓸해했던 사람이. 내가 어릴 적 숲속에서 놀았던 그 좁은 계곡 정도였다면, 추수 후 넓은 들판에 무덤보다 좀 더 컸던 짚동 속의 작은 동굴 정도였다면, 이처럼 우주 속에서 홀로 고독하지는 않았을 것이다. 차라리 슌타로가 살았던 우주가 내가 놀았던 숲보다는 조금만 더 크든지 친구와 둘이 꼭 껴안을 수 있을 정도로 더 작았다면 그처럼 고독에 눌려 재채기하지는 않았을 것이다.

이 아침에 내가 만난 우주는 슌타로의 우주보다는 적어도 20배는 넓다. 그 우주 아래 하늘의 뭉게구름과 그 속에 자유 낙하와 유영을 즐기는 철새와 함께 노니는 나는 고독을 넘어 넘쳐 오르는 황홀과 행운을 만끽하는 중이다.

내가 그 어떤 상상의 나래를 펼치더라도 만족시킬 수 없고 도달할 수 없는 나의 집 우주 400억 광년 속에서 나는 한낱 점에 불과하다는 자괴감이 아닌, 덧없는 인생이라 고개 숙이는 것이 아닌, 화살처럼 빠르게 지나가는 세월이라고 한탄할 것이 아닌, 이 황홀한 순간에 점찍고 사라질지라도 그의 일원이었음을 예찬할 수밖에 없음을 고백한다.

아! 나는 이 아침에 슌타로를 더 넓은 우주로 안내하리라. 그래서 좁은 우주의 고독에서 빠져 나와 더 넓은 우주 속에서의 자유와 황홀과 찬미를 느끼라고 말하리라. 우리가 살았던 시간이 영광이었다고.

* 다니카와 슌타로의 시집 『20억 광년의 고독』

부존재 경험

존재하지만 존재를 잘 인식하지 못하는 일들이 얼마나 많은지. 몇 년 전 여름 강력한 태풍이 스쳐 지나가자 단 몇십 분 만에 내가 사는 동네는 암흑에 휩싸이고 모든 문명의 이기들은 작동이 멈췄다. 전열기로 조리를 해야 하기 때문에 식사를 할 수 없었고, 지하관정을 통해 물을 길어야 하기 때문에 물도 마실 수 없었으며, 물을 사용하지 못하기 때문에 화실장도 사용할 수 없었다. 이 적막감이라니.

공기와 태양과 같은 것들을 굳이 말하지 않아도 될 듯하다. 좋은 이웃이 갑자기 이사를 가거나 세상을 떠났을 때, 한동안 얼마나 큰 충격과 아쉬움에 빠질지 상상도 하기 싫을 정도다. 지역의 멋진 시설이 갑작스러운 사고로 사라진다면 이 또한 가슴 아픈 일이다.

프랑스의 유명한 대지예술가 크리스토와 장클로드는 일치감치 일상적 존재의 중요성을 경험하고 이를 예술로 승화시킨 인물들이다. 마술을 부려 사물을 이쪽에서 저쪽으로 옮겨 놓거나 아예 없애버리는 것처럼 대형 구축물이나 거대한 대지를 포장재로 감싸는 작업으로 세상을 놀라게 했다. 대지예술이라는 장르를 통해서다. 작업 대상은 시드니 해안, 마이애미의 섬, 베를린에 있는 독일 국회의사당과 같은 것들이었다. 결국 크리스토는 개선문을 포장하기에 이르는데 모든 준비를 마쳐 놓고 세상을 떠나자 그의 제자들에 의해 그해 9월에 완성됐다.

개선문 포장은 60년이라는 기나긴 시간이 소요된 일생을 바친 프로젝트였다. 포장된 개선문은 불과 16일 후에 원래의 모습으로 되돌아갔다. 준비 기간에 비해 순간적이라 할 수 있을 정도로 짧은 시간 동안만 포장된 모습으로 유지되었을 뿐이었다. 사람들은 늘 존재할 것이라 여겨졌던 개선문이 포장된 모습을 통해 개선문 본연의 가치를 더욱 느끼게 되었다. 포장 그 자체가 대지예술작업이었지만 실제 예술작품은 잠깐 없어졌다 다시 본래의 모습으로 돌아온 개선문이었다. 쓰레기 더미로 가득 찼던 마이애미의 한 섬도 쓰레기를 처리하고 핑크빛 천으로 둘러싸였을 때 비로소 명징한 섬을 볼 수 있었다.

없어졌지만 본질은 잠시 숨겨 놓았던 그것, 누구도 소유할 수 없는 자연과 위대한 구축물에 대한 가치를 다시 생각하게 만들었다. 두 부부는 익숙한 것들을 낯설게 만들어 익숙한 것들의 존재 의미를 되새기게 만든 위대한 예술가들이었다.

우리는 지구라는 아주 익숙한 구축물에 얹혀 살지만 그 존재의 의미를 잘 못 이해하는 것 같다. 세상을 떠난 크리스토 부부가 다시 돌아와 지구를 포장하고 부존재를 경험하게 한다면 우리 지구인들은 지금보다는 좀 더 지구의 존재를 민감하게 받아들이게 될까?

좋은 모형의 조건

형식이 내용을 지배할까, 내용이 형식을 지배할까? 형식과 내용은 각각 다른 것일까? 형식이 형식주의에만 빠지고 내용이 내용주의에만 빠지면 허식주의와 외곬주의자로 전락할 우려가 있다. 내용을 담기 위해서는 형식이라는 도구가 필요하고 형식이라는 도구는 내용물이 담겨야 그 존재의 의미가 있다.

이 두 가지를 다 갖추기는 쉽지 않다. 사람의 경우는 더욱 그렇다. 신언서판身言書判은 형식과 내용 두 가지를 모두 갖춘 사람의 모습이라 할 수 있다. 하지만 형식이라 할 수 있는 신언身言과 내용이라 할 수 있는 서판書判을 모두 갖추기 위해서는 자신의 노력뿐 아니라 타고난 성정도 필요하다.

위대한 학설이나 과학적 진리와 같은 것들은 이런 내용과 형식을 모두 갖췄다 할 수 있다. 스티븐 호킹은 이를 미리 간파하여 '좋은 모형의 조건'을 다음 네 가지로 꼽았다. 첫째, 우아할 것. 둘째, 자의적이거나 조정 가능한 모든 요소들을 거의 포함하지 않을 것. 셋째, 기존 모든 관찰자들에 부합하고 그것들을 설명할 수 있을 것. 넷째, 만일 틀렸을 경우 모형을 반증할 수 있는 미래 관찰에 관한 상세한 예측을 내놓을 것.

이 넷 중에 나의 전폭적인 지지를 받은 것은 첫 번째 조건인 '우아함'이다. 어떻게 과학자가 이런 말을 썼을까 의심이 들 정도였지만 결국은 과학도 미학의 추구다. 아름답지 않은 것은 과학조차도 관심을 가지지 않을 것이기 때문이다.

삶조차도 우아하면 행복하고 이웃에 향기를 전하게 될 것이다. 우아함이란 형식이 지배하는 것 같지만 내용을 뺀 우아함은 우아함이 아니다. 그것은 겉치레에 불과한 것이다. 스티븐 호킹이 발견한 우주는 완벽하게 운행되는 내용과 이를 감싸는 외형의 아름다움이었다. 완벽한 우아함을 지닌 우주는 모든 좋은 모형의 모델이다.

어느 설교자가 '근사하다'라는 말을 자주 쓰는 것을 발견했다. 근사한 삶, 근사한 사람, 근사한 언행과 같은 말들이다. 이 근사하다는 말은 눈부시거나 외형적이지만 않고 외곬수의 모습은 찾아볼 수 없는 상태를 일컫는다. 나 또한 근사한 사람이 되고 싶다. 근사하다는 것과 좋은 모형의 첫째 조건인 우아함은 매우 잘 어울린다.

좋은 모형의 둘째와 셋째, 넷째 조건들의 공통점은 공감과 소통이다. 자의적이지 않고 고집불통이지 않고 틀렸을 경우에 즉시 수정하여 그것을 또 세상과 공유하는 모습이다. 우아함은 결국 내외면의 알참과 그것을 나눌 줄 아는 것. 결국 가장 완벽한 우아함은 신의 영역인 우주다. 우리는 우주라는 완벽한 우아함의 일원이기도 하다.

불임의 논배미

　　　　　　　　　세상이 불임으로 몸살을 앓고 있
다. 지구촌적으로 볼 때 80억 명이 넘는 인구과잉이지
만 인구의 불균형은 과잉보다 치열해 서방세계를 중심
으로만 볼 때 소멸로 치닫고 있다. 임신을 하고 배가
불러지면 부끄러워했던 시절이 있었다. 아낙네는 불러
오는 배를 가리기 위해 홀로 숨은 노력을 기울여야 했
다.

　시대는 늘 변화무쌍하는 것, 임신이 자랑으로 변신
하고 임신한 배를 노출시켜 놓고 사진관에서 기념사진
을 찍는 시대도 있었다. 이것도 잠시잠깐의 흐름으로
막을 내렸다. 출산이 짐이 되는 시대, 결국 불임의 시

대가 됐다.

평사리들판은 10년 전쯤만 해도 5월이면 초록의 청보리 물결로 장관을 이뤘다. 불과 보름만 지나면 그 청보리밭은 노란색으로 옷을 갈아입는데 해 질 녘에 제방에서 보리밭을 바라보면 사선으로 쬐는 태양에 반사돼 은빛바다로 바뀌곤 했다. 나는 청보리 세상이 되면 어김없이 논배미로 달려가 청보리밭 멀미를 경험하곤 했다. 그때 쓴 시가 있다.

청보리밭 물결이 내게로 엄습해 오면/ 차마 눈을 뜨지 못하고 감아버렸다/ 파도가 내 속으로 들어와 나를 휘감고/ 머리부터 발끝까지 짜릿한 전율/ 눈을 뜨면 또 다른 물결 밀려와 나를 집어삼키고/ 나는 청보리 파도에 묻혀 멀미를 토해댔다/ 두어 시간 만에 진정되는 뱃멀미와 달리/ 청보리밭 멀미는 창수를 뒤틀리게 하고/ 달포 후 내 오장육부를 다 비운 후에야 끝이 났다
- 「청보리밭 멀미」

이제는 더 이상 멀미를 할 수 없다. 잉태할 수없는 불임의 들판으로 바뀌었기 때문이다. 늦가을에 파종을

하고 초겨울이 되면 들판은 푸른 기운이 돋아나곤 했지만 더 이상 보리를 심지 않는 세상이 돼 늦가을부터 5월이 되도록 들판은 사막과 같은 불임의 땅이다.

토지의 질을 개량하기 위해 휴경도 필요하고 윤작도 필요하지만 봄바람에 일렁이는 들판의 초록색 물결과 멀미를 경험하기 위해 들판으로 달려갔던 시절은 멀고 먼 추억이 돼 버렸다. 한낱 지나간 시대의 가난한 먹거리에 불과했던 보리에 대한 추억보다는 서정성을 잉태시켰던 시대를 잃은 아픔이다. 봄이 되어도 깨어나지 않고 바람이 불어도 미동도 없는 들판을 가로지르면 임신중절 당한 논배미가 애타게 손짓하는 메마른 바람과 마주친다.

초과잉시대에 생존을 걱정해야 하는 난세를 맞이했다. 식량 과잉생산으로 들판에 곡식 대신 꽃을 심고 가난과 배고픔의 상징이었던 보리는 더 이상 푸른 물결을 만들어 내지 못한다. 가임청년은 더 이상 임신하지 않고 세상은 온통 불임의 논배미로 바뀌고 있다.

사약私約을 권함

　　　　　　　　배고픈 우체통도 선거철만 되면 배가 부르다. 선거 홍보물 봉투는 두껍고 무겁다. 그만큼 국가를 향한 애정이 담긴 정책들이 많이 담겨져 있으리라. 선거법이 언제 또 개정될지 모르지만 선거는 역사에 남을 이정표가 되어야 한다. 많은 정당이 있다는 것은 그만큼 다양한 사회의 반영이기도 할 것이지만 정말 그런가? 그렇다 치자.

　후보자들의 홍보물은 시대가 바뀌어도 변하지 않는 이유는 무엇일까? 국회의원이라는 자리가 무엇을 하는 것인지 모르고 있음에 틀림없다. 면장이 해야 할 일과 시장군수나 도지사, 심지어 대통령이 해야 할 일을 공약으로 내건 것이 대부분이다. 후보들이 이것을 모를까? 후보들 면면을 보면 모를 리 없어 보인다. 길고도 튼튼한 책가방 줄과 경력만 봐도 그렇다. 그러면 무엇이 이렇게 무미건조한 공약을 토해내게 만들었을까?

유권자들에게 의심의 눈초리가 가지 않을 수 없다. 후보들은 유권자들의 눈높이를 맞춘 듯하다. 아니 우리나라 정치 수준에 그들 스스로 엎드린 듯하다. 매우 겸손하다고 할 수 있을지 모르지만 내 생각에는 오해를 해도 한참 오해한 듯했지 싶다. 동네 어른들을 만나보면 정치의식과 세상을 보는 안목이 대학교수 뺨친다. 방송에서 들었던 정보는 극히 일부다. 그동안 살아온 지혜가 고스란히 녹아 있다. 어디 지혜뿐이겠는가? 험한 세상을 살아 오셨고 그 숱한 세월 속에 쌓여있는 인생경륜을 더하여 지난 세월 동안 스스로 체득한 결과다.

국회의원이라면 어떤 공약을 해야 할까? 3권 분립을 생각하면 답은 금방 나온다. 국회의원은 자신에게 주어진 권한으로 10원의 예산도 사업비로 쓸 수 없다. 집행권이 없기 때문이다. 예산은 시장군수나 도지사,

장관이나 대통령의 관할이다. 이들 후보들이 토해 낸 공약을 위해서는 후보별로 수조 원이 필요하다. 대부분 공약이 실제로 진행된다면 국토를 회치듯 할 것들이다. 온갖 도로를 만들고 교량을 만들고 산업단지와 관광단지를 만든다는 것들이다. 제발 공약대로 이뤄지지 않기를 바랄 뿐이다.

상상력은 찾아볼 수 없다. 지역을 제대로 이해하는 안목도 없다. 고장을 사랑하는 애정은 더더욱 없어 보인다. 눈앞의 표만 생각한 것들뿐이다. 세상은 분 단위로 변하는데 후보들의 시선은 과거와 현재에 머물러 있다. 차라리 지역사회를 향한 공약보다는 사약私約하기를 권한다. 자신의 됨됨이와 세상을 바라보는 관점, 철학, 사그라지는 농촌에 대한 눈물, 정치신념, 양분된 국론과 극단사회에 대한 치유의 방안을 녹여내라. 그리고 지역사회를 향한 개발의 열정은 당선된 후에 자치단체장과 의논하겠다고 하라. 이것이 유권자들의 눈높이에 맞추는 것이다.

하풍죽로당荷風竹露堂을 구함

사람들의 공통적인 소망 중에 하나는 다소곳한 곳에 그림 같은 집 한 채 짓고 사는 것이다. 가끔씩 여행을 하다가 눈에 드는 집이 보이면 한참 머물며 집을 감상하곤 한다. 이런 집들은 대부분 크지도, 그렇다고 빼어나게 좋은 집도 아니다. 햇빛이 잘 들고 언덕과 산으로 둘러싸인 동네에 드러나지 않지만 단아하게 자리하고 있다.

소담한 한옥인 경우가 많다. 기둥이나 서까래는 웅장하지도 않다. 집의 크기와 기둥이 잘 어울리고 조화를 이뤄 무게감이 없고 보기에도 좋다. 요즘 짓는 대부분의 한옥들은 집의 크기에 비해 재목으로 쓰는 나무가 너무 굵어 품에 안기지 않는다. 무리하게 터를 닦아 주변과 조화를 이루지 못하는 경우도 종종 있다.

주변과 집의 조화는 주인과 건축가의 안목에서 나오기도 한다. 조화를 이루지 못하여 독불장군처럼 주변경관을 해치는 경우도 가끔 볼 수 있다. 드물지만 하나의 건축물이 주변을 살려 놓아 '신의 한 수'처럼 여겨지는 경우도 있다.

그런 면에서 볼 때 옛 선조들의 집 짓기는 삶의 풍류와 편리성과 심미성까지 아우르는 종합예술적 시선을 가졌다. 연암은 임지에 있을 때 집을 짓고 당호를 붙여 집의 의미까지 더해 놓았다. 관아의 한 구석진 곳에 온갖 오물과 쓰레기가 난무하고 있었다. 그는 종복들을 시켜 땅을 정비하고 이곳에 다소곳한 당을 지었다. 연못을 만들고 연못과 연결되는 도랑을 내고 도랑에는 흰 자갈을 깔아 물의 소리뿐 아니라 시선 머무는 곳이 풍경이 되도록 했다.

낮은 담장도 만들었다. 그 아래에는 홍도와 살구나무·배나무를, 뒤뜰에는 대나무를 심어 울타리로 삼았다. 연못에는 연꽃을, 뜰 가운데는 파초와 인삼과 매화나무도 심었다. 계절이 바뀌는 모습을 이 작은 당에 앉아서 감상할 수 있도록 했다.

연암이 이렇게 관아의 긴물 한 채를 짓는데 심혈을 기울인 것은 관아에 머물 그의 후임자들을 위함이었다. 아침에 연꽃의 향내를 통해 바람 같은 은혜를 베풀고, 대나무 이슬을 통해 촉촉한 선정을 베풀라는 기대를 담은 것이다. 그래서 당을 하풍죽로당荷風竹露堂이라 이름하였다. 이 모두가 갖춰져도 백성들과 더불어 즐기지 않는다면 연못과 정자를 세운 이의 뜻이 아님을 부언했다.

오늘날에도 이런 당 하나가 고을마다 있으면 좋겠다. 산을 옮기고 바다를 메울 대형 프로젝트에 앞서 관리들이 자신을 돌아보고 생각과 철학을 가다듬는 작은 초당 말이다. 그래서 중앙당의 당명黨命이 아니라 세상의 원리가 담긴 당명堂命을 통해 물과 같이 흐르는 정치 세상이 되면 좋겠다.

덤벙주초

　　　　　늦게 안다는 것은 어떤 면에서 보
면 아름다운 일이다. 지금에서야 알았기에 얼마나 가
치 있는 일들이 많은지, 나는 이 사실을 깨닫고 「류시
화에게」라는 시 한 수를 받아 적었다.

"지금 알고 있는 것을 그때도 알았더라면, 그것은 파멸/ 아
름다웠던 내 청춘의 파멸/ 텅 비워졌었던 내 머리의 파멸/
너를 너로만 보았던 내 과거의 파멸/ 늦게 안다는 것은/ 살
아가면서 조금씩 깨닫는 것은/ 계절이 바뀔 때마다 고맙고
감사한 일이듯/ 불현듯 기막힌 생각으로 무릎 치고 벌떡
일어나 문을 박차고 나가듯/ 펄떡이는 물고기 되게 하는

반면에 류시화가 편집한 잠언집 『지금 알고 있는 걸 그때에도 알았더라면』에는 그때 알지 못했던 것들에 대한 후회로 넘쳐나고 있다. "지금 알고 있는 걸 그때에도 알았더라면 내 가슴이 말하는 것에 더 자주 귀 기울였으리라/ 더 즐겁게 살고 덜 고민했으리라/ 더 많이 놀고 덜 초조해했으리라" 그만큼 나는 덜 후회하고 지금부터 알아가는 것들에 감탄하고 감사하는 순간들이다.

자연과 조화를 이뤄가는 세상일들을 관조하는 기쁨과 여유는 계절이 바뀔 때마다 고맙고 감사한 마음을 갖게 한다. 한옥은 바로 그런 기쁨 중 하나다. 한옥은 하나의 집이 아니다. 우주요 세계관이다. 실제 우주를 집 안으로 들여 놓았다. 하늘은 둥글고 땅은 네모지다는 천원지방天圓地方은 집 안에 연못을 만들어 하늘과 땅을 관조했다. 여러 채의 집을 한 울타리에 지어 독립된 주거공간으로 개인의 사생활을 보호하기도 했지만 마당을 통하여 소통하고 통합하는 원리도 담았다.

왜곡과 극단이라는 '위험한 도구'를 통하여 오히려

조화를 이루는 마술사 같은 솜씨도 숨겨 놓았다. 처마의 양쪽 끝 선이 치켜 올라간 '앙곡', 지붕 위에서 내려다볼 때 중심 부분이 안쪽으로 휘어 들어가게 만든 '안허리곡', 바깥쪽 기둥을 안쪽 기둥보다 높게 만든 '귀솟음', 바깥쪽 기둥을 안쪽으로 쏠리게 한 '안쏠림', 기둥의 중간 부분을 더 굵게 만든 '배흘림기둥'과 같은 것들이다. 왜곡과 극단을 터부시하고 정직하게만 집을 지었다면 사람 냄새 나지 않는 무미건조한 집이 되었을 것이다.

덤벙주초는 인간미가 듬뿍 묻어나게 만든 한옥의 숨은 1인치다. 자연을 집 안으로 들여온 한옥은 주춧돌도 다듬지 않고 그대로 사용하기도 했는데 울퉁불퉁한 자연석에 맞도록 기둥 밑 앉히는 부분을 '그랭이질'을 통하여 이를 맞췄다. 진작 알았다면 내 진액이 묻어나도록 감탄하지 못했을 것을 지금에야 알았기에 진정한 내 것이 되었다.

경제논리 생존논리

사람이 떡으로만 살 수 없다는 말은 성경 복음서에 나온다. 떡이 중요하지 않다는 것이 아니라 떡 못지않게 중요한 것이 있다는 얘기다. 예수님은 안식일에 밀밭을 지나다 배고픈 제자들이 이삭을 잘라 먹는 것을 보고 질타하지 않았다. 부활 후 제자들과 물고기를 구워 나눠 먹었으며 보리떡 다섯 개와 물고기 두 마리로 5천 명을 먹이셨다. 성경에 나오는 예수님의 능력이라면 굳이 이런 경제활동이나 소비 행위를 하실 필요 없이 말씀 한마디로 해결하실 수 있었을 것이다. 바리세인들은 거룩한 안식일을 지키지 않는 것을 두고 비난을 한 듯하지만 사실은 그것을 하나의 경제활동으로 본 것이다.

경제활동 없이 세상을 살 수 없는 시대가 됐다. 움집이나 동굴에 살았던 구석기시대나 신석기시대 정도만 벗어나면 곧바로 경제활동시대에 접어든다. 가령 청동으로 거울을 만든다든지 철로 칼과 그릇을 만드는 것은 경제활동이다.

사람이 살아감에 있어 경제가 전부가 되고 그것만이 척도가 된다면 우리가 사는 세상은 어떻게 될까? 중앙정부나 지방정부 나아가 기업이나 어떤 단체든지 경제논리에만 좌우되어 정책을 펼친다면 우리가 살아가는 세상은 동물들의 영역다툼이 벌어지는 사파리나 다름없다. 그것 외에 다른 '무엇'이 있기에 인간은 만물의 영장으로 불리는 것이다. 가령 지방정부는 재정의 바탕 위에 주민 복지정책을 수립하지만 경제논리에 의한 개발정책이 주민의 안정적인 삶의 질을 훼손할 수도 있다는 데 그 아픔이 있다.

지방소멸을 두고 여러 가지 대처방안이 나오지만 모두 경제논리에만 얽매인다면 차라리 모든 자치단체나 동네를 통폐합시켜 최소의 지출로 최대의 효과를 올리는 정책을 시행해야 할 것이다. 물론 적절한 인구나 수요는 있어야 한다. 예를 든다면 몇 가정만 남아 있는 동네에 개별 마을처럼 복지시설을 설치한다면 이 것은 분명 검토해 봐야 할 것이다. 그렇다고 모든 것을 인구비례에 갖다 붙일 것은 아니다.

코로나19가 던져준 숙제 중에 하나는 인간이 살아 가는 데 필수불가결한 요소가 경제라지만 그것이 전부 가 아니라는 것이다. 재난지원금은 경제활동을 돕고 경제가 돌아가게 하겠지만 내 것은 내가 쓰고 네 것은 네가 쓴다는 자본주의경제의 기본논리와는 다른 개념 이다.

〈코로노믹스〉라는 다큐멘터리가 3일 연속 시리즈 로 방영됐다. 그 마지막 회 마지막 영상은 한 전문가의 인터뷰였는데 이런 말이었다. "인간은 이기적이다. 이 기적이기 위해서는 이타적이어야 한다." 코로나가 가 져다 준 선물이라면 선물이다. 이타적인 것은 경제논 리이자 생존논리다.

3부

안에서 본 나

기상캐스터와 깐부

내 일상의 아침은 클래식 음악 방송을 시작으로 열린다. 7시, 시그널이 울리고 아나운서의 준비된 음성이 블루투스 스피커를 통해 헤쳐 나와 잠이 덜 깬 뇌를 정돈시킨다. 7시 20분이 되면 그날의 날씨를 알리는 코너, 다른 날과는 다르게 아나운서의 톤이 중저음으로 깔렸다. "오늘은 그동안 우리의 아침을 깨워 주셨던 윤지수 기상캐스터가 마지막으로 방송을 타는 날입니다. 24년, 아쉽게도 오늘이 마지막 날이라고 합니다." 윤지수 기상캐스터는 목이 메어 말을 잘 잇지 못했다.

"오늘은 차가운 날씨기는 하지만 덕분에 미세먼지

없는 깨끗한 하늘을 볼 수 있을 것 같습니다. 하지만 체감온도는 매우 낮을 것으로 예상되니 따뜻하게 옷 차려 입으시고 출근하시기 바랍니다." 오늘의 날씨 예보가 끝나자 쇼팽의 〈이별의 곡〉이 흘러나왔다.

진행 아나운서와는 오랫동안 호흡을 맞춰왔고 같은 방송국에 근무했기 때문에 서로를 잘 아는 듯하다. "윤지수 씨는 아침과 오전, 오후 시간에 따라 날씨를 전해주는 톤이 다른 듯해요. 시청자들의 섬세한 부분까지 터치를 해 주기 위한 지수 씨만의 배려가 아닌가 합니다."

24년, 일가를 이룰 수 있는 시간이 아닐까. '깐부'라는 말을 유행시켰던 〈오징어게임〉으로 한국인 최초 골든글로브를 수상한 소식이 비슷한 시간에 뉴스를 탔다. 올해로 78세 오영수 씨다. 연극배우로 59년간 200여 편에 출연했단다. 일가를 한 번 이루고도 다시 한번 더 이룰 수 있는 시간이 흘렀다. 오직 이 드라마만을 위해 탄생했다고 생각이 들 만큼 연기가 탁월했다.

아침 산책길에서도 기상캐스터와 깐부가 머리를 떠나지 않았다. 24년과 59년, '일가를 이루기까지는 절대적인 시간이 필요한가?'라는 물음이 스쳐지나갔다. 일터로 출근해 동료들과의 짧은 티타임에서도 24년 차 기상캐스터와 '까부' 얘기를 곁들였다. 1년, 2년, 3년 차 새내기와 같은 직원들에게 '일가'를 이루기까지는 절대적 시간이 필요하다는 생각을 나눴다.

아직 한겨울이지만 우리 집 마당 가장자리에는 노란 색깔의 치자가 주렁주렁 달려 있다. 겨울에 보기 힘든 노란 색깔의 열매, 아니 겨울이어야만 저렇게 노랗고 주황색 톤이 빛을 발할 것이다. 절대적 시간과 절대적 추위를 견뎌내야만 볼 수 있는 열매이자 색깔이다.

아침 식사 중 클래식 음악과 기상캐스터의 24년을 마감하는 얘기가 흘러나오는 동안 아내와 나는 우리의 시간을 반추했다. 한 직장에서 나는 28년을 마감했고 아내는 32년째 일하고 있다. 이미 일가를 한 번 이루고 남는 시간이다.

사이다

내가 사이다를 처음 맛본 것은 초
등학교 5학년 무렵, 진주 진양호 놀이공원에 소풍을
갔을 때다. 그 맛이 얼마나 기막혔는지 지금껏 내가 마
셔본 음료 중에 단연 최고다. 라면도 그렇다. 지금은
수십 종류의 라면이 있다. 하지만 내가 먹어본 라면 중
에 단연 최고는 초등학교 무렵에 맛본 가마솥 라면이
었다. 지금처럼 서양식 부엌이 아닌 아궁이에 불을 지
피고 크나큰 무쇠솥에 끓인 라면이었다. 무엇에다 이
맛을 비기리오. 한마디로 '달았다'는 말밖에는 더 표
현할 단어가 생각나지 않는다.

그만큼 귀했기 때문이다. 몇 분 거리에 편의점이 있

는 시대에 그 어떤 것이든 구하지 못하는 것이 없다. '배달의 민족' 이라는 성스러운 단어가 편의를 대변하는 시대가 됐다. 전화 한 통이면 몇 분, 길어야 십여 분 이내에 초인종이 울린다. 귀한 것이 없는 시대가 됐다.

한 번 사이다 맛을 본 후부터는 자주 사이다 생각이 났다. 그러나 그림의 떡처럼 그림의 사이다였다. 차라리 사이다를 만들어 먹고자 했다. 여름방학이 되면 하루에도 두세 번 정도는 먹을 감곤 했던 시절, 드디어 사이다 제조법을 알아냈다. 사이다 병에 맹물을 넣은 다음 사카린과 소다를 첨가해서 손으로 병 주둥이를 막은 채 세게 흔들다 손을 떼면 '픽' 하고 가스가 분출된다. 그 맛이 사이다 맛과 유사해서 친구들과 시냇물로 나갈 때면 그런 방식으로 사이다를 조제해서 물속에서 마셨다. 제법 느낌도 있었다.

오늘날 사이다는 그때의 '물사이다' 보다 열 배 아니 백 배 정도는 더 톡 쏘는 맛을 지녔다. 갈수록 사이다는 더 시원하고 쏘는 맛이 증가될 것이다. 지난날의 보통 사이다나 내가 마셨던 물사이다 정도 가지고는 사이다 취급 받지 못할 것이기 때문이다. 덕분에 '사이다' 라는 표현이 사람들에게까지 이입되기 시작했다.

정치권에서 더욱 그런 면이 있다. 사람들을 취하게 하는 '톡' 쏘는 맛을 내는, 그래서 더부룩한 속을 확 뚫어 놓는 면모를 갖추기 위한 의도적인 전략이다. 예전에는 물사이다만으로도 상쾌한 맛을 느낄 수 있었지만 지금은 짙은 농도의 사이다를 마셔야 체기가 내려갈 수 있다.

그 맛에 길든 사람들도 더 센 사이다를 원하게 됐다. 사람들을 체하게 하기도 하고 체한 속을 뚫어 놓기도 하는 정치인들은 병 주고 약 주고 하는 사람들이다. 일부러 사이다 발언을 일삼는 정치인들은 눈여겨볼 필요가 있다.

맹물에 사카린과 소다만으로도 사이다 맛을 느낀 그 원시적인 입맛이 있다면 오늘날 사이다 정치인은 순식간에 수천 명을 중독시키고 남을 것이다.

걷자생존

자동차 탐험가이자 사진가인 나의 의좋은 아우 함길수의 책과 사진을 보면 유난히 길이 많다. 아프리카 탐험에서 자동차가 지나간 뒤의 뭉게구름처럼 피어오르는 먼지 자욱한 신작로, 아련히 굽은 철길에 기적을 울리며 사라지는 구식 기차와 그 뒤 남겨진 가느다란 낡은 철길, 그가 좋아하는 길이다.

그의 책을 보면 나도 떠나고 싶어진다. 『소유하지 않으면 떠날 수 있다』는 그의 책이 있다. 떠나지 못하게 하는 것은 너무 많은 소유다. 함길수가 길을 떠나게 된 동기도 길처럼 아련하다. 학창 시절 해외로 입양을 떠나는 아이를 양부모에게 데려다주기 시작한 것에서였다. 그 길에서의 수없는 이별과 눈물. 그 후로 소유에서 벗어나니 길이 보였고 그 길은 그의 삶이 되었다.

나는 걷기를 좋아하여 도보 여행을 즐겨한다. 섬진강 종주 후에 곧바로 지리산 둘레길 완주에 나섰다. 3개월의 이탈리아 여행도 도시의 골목길을 무던히도 걸었던 시간이었다. 1년 전까지 써 왔던 '마을소요'도 결국 글을 쓰기 위한 걷기였고 걷기 위한 글쓰기였다. 이 둘은 늘 쌍둥이처럼 나를 따라다녔다.

읍내에 살면서 이른 아침마다 걸었던 나의 산책길은 섬진교를 건너 광양의 다압면 강변도로를 돌아오는 코스였다. 평사리로 이사 온 후에도 두 가지의 산책길을 갖게 되었는데 나는 그 길에 이름까지 붙였다. '달빛 향기로운 길'과 '별빛 재잘거림 길'이다. 대략 40분가량 소요되는 이 길에서 나는 대부분의 책을 썼다. 새와 바람, 이슬과 하늘, 달빛과 별빛 그리고 나뭇가지가 들려주는 말을 받아 적었다. 어쩌면 이들의 말을 받아 적으려 산책을 나서는 것이기도 했다. 그러니 내가 쓴 글과 책은 결국 길에서 발로 쓴 것들이다.

살아 있는 것은 걷는 것이요, 걷는 것은 사유하는 것이며, 사유하는 것은 곧 살아 있음이다. 나의 사유는 글로 귀결되었으며 글을 쓸 때에야 내가 살아 있음이 증명되었다. 그러므로 걷는 것과 사유하는 것과 글을 쓰는 것은 하나의 개념으로 끊으려고 해도 끊을 수 없는 불가분의 관계다. 지리산 둘레길에서 나는 이것을 '걷자생존'이라 명명했다.

신은 두 발 가진 인간을 창조했다. 발바닥에서 시작된 사유의 물결은 다리와 척추를 타고 두뇌로 전달되고 인간이 만물의 영장이 되는 데 결정적 역할을 했다. 불행히도 오늘날 청소년들은 걸으려 하지 않는다. 사유의 혈맥이 끊어져 결국 인공지능에 종속될 날도 그리 멀지 않았다. 걷는 것은 떠나는 것이다. 소유하지 않기에 떠날 수 있고 소유하지 않기 위해 떠나야 한다. 그러면 살 수 있다. '걷자생존'이기 때문이다.

뒷모습

나는 배꽃을 좋아한다. 한때 그 꽃을 좋아하여 홍길동꽃이라고 명명했던 적이 있다. 며칠 피었나 싶다가 어디론가 '휭' 사라져 버리기 때문이다. 자칫 한눈 팔면 꽃이 피었는지조차 모를 때도 있다. 배꽃보다 더 좋아하는 꽃은 돌배나무 꽃이다. "그게 그것 아냐?"라고 하겠지만 분명 다르다. 적어도 내게는 그렇다. 대부분 산자락이나 동네 어귀 정도에 고목으로 서 있는 돌배나무 꽃은 집중 관리로 열매의 크기와 수량만 치중하는 일반 배꽃과는 완전히 다르다. 돌배나무는 아무도 돌보지 않는 야생인 경우가 많다. 나무의 크기도 10미터가 넘는 것이 일반적이고 둥

치도 한 아름이 넘는다. 이 꽃이 일순간 피어날 때에는 주변 골짜기가 수백만 와트의 백열등이 켜진 것보다 더 환하다.

집 앞 작은 밭 가장자리에 홀로 서 있었던 돌배나무가 며칠 서울에 다녀온 사이에 사라져 버렸다. 땅 주인이 집터를 마련하기 위해 토목 작업을 하면서 나무를 다른 쪽으로 옮겨버린 것이다. 순간 가슴이 철렁 내려앉았다. 이때 쓴 시가 하나 있다.

며칠 집을 비운 사이/ 사립문 앞 배나무 밭/ 나무들이 어디론가 사라지고/ 곁에 섰던 고목 돌배나무도 흔적이 없다/ 눈 앞 천지에/ 돌배나무 꽃이 일시에 피어나더니/ 함박눈 맞은 듯 포근하다/ 달포가 지난 오늘도 눈꽃/ 피고 지고 할 것 없이/ 마냥 피어있다

- 「돌배나무 잔상」

이때에 비로소 나는 돌배나무의 위력 앞에 무릎을 꿇었다. 그가 사라진 후의 일이다. 해마다 피고 지는 일상이었을 때는 잘 알지 못했던 사실이었다. 떠난 후에야 알게 되는 이 무지막지한 현실인식 능력.

한번은 'ㅈ' 작가가 내가 일하는 사무실로 찾아왔다. 그것도 근무가 시작되는 아침 9시경이었다. 불과 닷새 전에 세상을 떠난 자신의 동생을 가장 마지막에 본 사람이 나이기에 혹시나 나에게 동생의 흔적이라도 있지 않을까 해서였다. 나는 'ㅈ' 작가의 눈만 한동안 쳐다볼 뿐 아무 말도 할 수 없었다. 'ㅈ' 작가도 아무 말 하지 않고 그냥 돌아섰다.

그 후로 내게는 하나의 습관이 생겨났다. 사람이 떠난 후 머물렀던 자리에서 그 사람의 향기 맡기. 지금도 사무실을 찾아온 사람들이 돌아갈 때에는 학교 운동장이었던 마당을 벗어나 대문에서 사라지기까지 그 뒷모습을 지켜보는 것이 일상이 되었다. 가끔씩은 사라진 뒤에도 한동안 그 자리에 서서 사라진 사람을 떠올려 보기도 한다. 그 시간이 진정 그 사람과 만나는 시간이다. 사람은 뒷모습이 앞모습이다. 머물렀던 자리가 진짜 그의 자리다. 이화梨花에 월백하고.

그런 말은 말자

수도꼭지가 집 안에 있고 꼭지만 틀면 물이 나온다. 전기밥솥이라는 것을 사용해서 불을 때지 않아도 밥이 되고 몇 날 며칠을 두고서도 먹을 수 있다. 빨래는 세탁기라는 것이 대신 한다. 묵은 때도 거뜬하다. 요즘에는 말리고 털고 다리미질까지 해서 나온다는 말은 여기서 말자. 화장실이 실내로 들어왔다. 변기는 온도가 조절이 된다. 손잡이를 누르면 물이 내려가고 오물은 어디론지 모르는 곳으로 흘러간다. 이 정도도 꿈이었다.

군 복무 중 휴가 나갈 때 여친에게 전보를 치고 출발했다. 우리는 부산 국제시장에 있는 니오베라는 다방에서 만났다. 여기서 굳이 휴대폰에 대해서는 말하지 말자. 손가락만으로 물건을 사고 팔고 흥정도 하고 주식이라는 것도 하고 건강도 체크하고 TV도 보고 비행기 티켓도 예약하고 영화도 보고 내가 갈 길을 미리 보여주고 사진과 영상을 태평양 건너까지 보내고… 이런 이야기는 여기서는 하지 말자. 내가 하는 말이 곧바로 번역이 되고 내 말을 알아듣고 글자로 써지는 그런 얘기들도 하지 말자.

엄마 손 잡고 시장에 갔던 일들. 골목마다 있는 편의점이라는 곳, 그것도 쉬는 시간 없이 하루 종일 돌아가는 가게, 24시 편의점에 가면 꼭 필요한 것들만 판다. 어떻게 내 속마음을 그렇게 잘 알고 있었는지 굳이 팔지 않아도 될 것은 팔지 않는다. 창고 같은 아니 거대한 공장을 갖다 놓은 것 같은 초대형 공룡 같은 마트는 여기서는 말하지 말자. 내가 타고 온 자동차는 지하 몇 층에 있는지 모른다. 에스컬레이터라는 것을 타고 올라오면 내가 타고 온 자동차까지 파는 곳이 있다. 물건들은 선반에 진열되어 있는데 입을 다물 수 없다. 이런 것들은 굳이 여기서 말하지 말자.

내 나이 곧 60. 30대 중반만 하더라도 지금의 내 나이는 도저히 내가 먹을 수 없는 나이, 내게는 불가능한 나이라 생각했다. 약간 지루하게 여겨졌던 청춘 시절이 꿈처럼 지나가고 내일 모레가 60. 더 이상 70, 80은 이야기하지 말자. 이것은 전에도 내가 생각하지 못했던 곳이니까.

지금 생각하면 나는 음악을 좋아했고 타고난 재질도 있었다. 내가 만났던 수많은 선생님들은 내가 가지고 있는 재능을 아무도 알아주지 못했고, 오히려 노래 잘하는 나를 놀려먹기도 했다. 그 후로 나는 사람 앞에 나서기 싫어하는 성격이 되었다. 내 아들들은 자신의 재능도 알아봤고, 엄마와 아빠도 그들의 재능을 알아보고 그들이 하고 싶은 것을 하라고 협력했고, 선생님들도 아들들을 격려했다. 여기서 우리의 아들들이 방송도 나오고 스타가 됐다는 말은 하지 말자.

비잉과 두잉

사람의 행위가 그 속에 있는 존재적 가치로 드러나지만 보이는 것뿐이 아니기 때문에 드러난 것으로 사람의 행위를 판단하는 것 또한 오류를 범하기 십상이다. 이는 인간의 한계이기도 하다. 나는 종종 이 한계에 노출되곤 하는데 사람을 행위로 판단하는 우를 범하기 때문이다. 그렇다면 존재적 가치 즉 영어식 표현으로 하자면 비잉Being을 어떻게 느끼고 판단할 것인가에 직면한다. 표현하지 않으면 쉽사리 알 수 없는 것이 사람의 마음이니 두잉Doing으로 비잉을 알 수밖에 없다.

나는 사람을 만나야 일이 되고 일을 하려면 사람을

만나야 하는 직종에 종사하고 있다. 사람 없이는 할 수 있는 일이 단 한 치도 없다. 함께 일하는 동료들은 내가 원하는 행동이나 내 마음에 맞는 행동을 할 때도 있지만 그렇지 않을 때도 있다. 그들 또한 인간의 한계를 가지고 있기 때문이다. 그럴 때는 가끔씩 나를 곤경에 빠뜨린다. 두잉이 그들의 전부를 보여준다고 판단하기 때문이다.

이런 현상이 비단 나만 그렇다면 더욱 졸속하고 졸렬한 인간임에 틀림없다. 그렇지 않을 것이라 믿는 확신에 안도감이 든다. 이때에 다가오는 속삭임이 있다. '너는 더한다' 는 말이다. 내가 나를 볼 수 없기 때문이다. 객관적인 나는 상대가 보는 것이다. 강을 건너야 내가 있었던 곳을 제대로 볼 수 있는 것과 같다.

비잉은 이때 필요하다. 나를 치유하는 약이기도 하다. 삶을 여유 있게 만들기도 한다. 바라보는 시선과 각도를 바꾸어 놓기도 한다. 측은하다는 생각, 이 세상에 태어난 사람은 '다아~ 같은 운명' 이라는 나름대로의 동류의식 같은 것이 발현된다. 사람들 속에 비잉과 두잉 두 가지가 있다는 인식이다. 이것이 동물과 다른 점이다. 드러난 것이 전부가 아닌 그 속에 '진짜' 속성이 있다는 것이다.

　이 시선은 용서의 마음이다. 나 자신을 먼저 용서하는 것이다. 그래야 상대를 용서할 수 있고 사랑할 수 있다. 상대 속에 있는 그 '인간성'은 선하고 악하다. 그 선한 것과 악한 것이 용해되어 행동으로 분출되는 것이 사람이다. 그 존재적 가치만으로도 위대하다. 일로서의 사람이 아니라 존재로서의 사람을 보는 것이다. 겉만 보고 사람을 판단하는 것은 그의 존재를 무시하는 것이다.

　비잉으로 사람을 바라보는 시선을 가진다는 것은 신의 성품을 닮아가고자 힘쓰는 것이다. 하나님은 나의 두잉이 아닌 비잉으로 보기에 이 아름다운 지구로 여행을 보내신 것이다. 내 속에 드러나지 않은 '나의 존재' 비잉이 있음으로 나의 두잉이 보호받고 위로받는다.

자각증상

　　빠를수록 좋은 것이 있다면 자각
증상이다. 병이 그렇다. 인간의 신체 기능에 문제가 있
어 자각증상으로 나타났다는 것은 이미 때가 늦었다는
말이기도 하다. 하지만 의료기술의 발달로 인간 스스
로 자각증상을 느끼기 전에 진단할 수 있으니 과학의
발전에 경의를 표할 수밖에 없다.

　세상의 변화를 일상에서 감지하는 것 또한 일종의
자각증상이다. 정치와 문화, 경제도 무신경하게 살면
변화를 감지할 수 없이 그냥 살아가게 된다. 그러나 관
심을 쏟고 민감하게 바라보면 미세한 변화조차 감지할
수 있고 이것들이 다가오는 미래에 어떻게 영향을 미

칠지까지 예측할 수 있다. 전문가라고 하는 사람들은 그런 사람일 것이다.

인간은 죽음에 이르는 병을 가지고 있다. 이 치명적인 질병을 가졌다는 것을 깨닫게 되는 것을 '자각'이라고 부르고 싶다. 당신이 이 질병을 가졌다는 것을 자각한 때는 언제인가? 나는 초등학교 4학년 때였다. 겨울방학 즈음일 것이다. 친구들과 동네 대나무 숲을 쏘다니며 총놀이며 칼싸움을 할 때였다. 시간은 오후 4시경, 겨울이었으니 숲은 이미 어둑해져 오고 있었다. 싸늘한 숲속의 기운이 어둠과 함께 몰려오더니 내 깊은 폐부 속으로 밀고 들어왔다. 순간 "언젠가 나는 죽는다."는 것이 내 심장을 진동시켰다. 숨을 잘 쉴 수가 없었다. 가던 걸음이 멈춰졌다. 친구들은 저만치 가고 있었다. 나는 바위보다 더 크고도 무거운 짐을 혼자 감당할 수 없었다.

이날은 내가 다시 태어난 날이었다. 이날 전까지는 나는 한낱 하나의 객체로서 인지 기능이 없는, 존재하나 존재하지 않는 무생식물과 같았다. 그러나 죽음이라는 단어를 알고 내가 그 병에 걸린 운명적인 존재라는 것을 자각한 순간 나는 '나', 비로소 영혼과 결합한

'내' 가 되었다.

이 사건이 있기 전까지는 동네 어른들이 돌아가시고 상여가 나가는 것이 의미하는 것을 알지 못했다. 심지어 돌아가신 동네 할아버지를 안장하기 위해 파 놓은 무덤에 들어가 장난삼아 누워보기까지 했다. 하지만 이 충격적 사건 이후에는 세상 모든 것이 변했다. 아니 내가 변했다고 하는 것이 더 맞을 것이다. 자각증상이 가져온 결과다.

자각은 내가 나로 인식하고 나로 살아가고 있다는 것을 아는 것이다. 흙으로 빚어 놓은 아담이 생령이 된 것과 같다. 자각 증상 없이는 나는 내가 아닌 무생식물처럼 무감각한 물건에 다를 바 없다. 한낱 쇳덩어리다. 초등학교 4학년이 되어서야 비로소 나를 나로 인식하고 바라보는 특별한 인지능력을 지녔다. 아픔을 알게 된 자각증상이 가져온 선물이다.

옅어지다

한 사람으로부터 문자가 왔다. '죽고 싶다'고. 깜짝 놀랐다. 죽고 싶다니, 혹시나 하는 생각에 왜 그러느냐고 다그치고 물었다. 그냥 그렇단다. 알고 보니 짐이 무거웠던 것이다. 그가 짊어지고 책임져야 할 일들이 그를 짓눌렀던 것이다. 차라리 내게 죽고 싶다는 말을 함으로써 죽고 싶다는 생각이 옅어진다면 다행이라 생각했다.

집중은 동전의 양면이기도 하다. 권력의 집중, 경제의 집중, 인구의 집중과 같은 것은 분명 어두운 그림자를 드리울 수 있다. 그래서 민주주의 제도가 탄생했고 경제 집중을 막기 위해 공산주의도 탄생했지만 오히려 되돌릴 수 없을 정도의 권력과 경제의 집중만 초래했다. 인구의 집중은 환경파괴를 불러왔고 지역편중 현상으로 어두운 그림자를 더욱 짙게 만들었다.

한 사람이 짊어질 수 있는 짐은 한계가 있다. 사회적 명성을 바라고 부의 축적으로 편안한 삶을 갈구하는 사람이라면 이런 집중은 그를 의미 있게 할 수 있다. 그러나 사회의 보편성과 지속 가능성을 보자면 한 곳으로, 한 사람으로의 집중은 분명 부작용을 초래하게 마련이다.

내가 일하는 일터에서 가끔씩 내게 집중되는 뭔가를 느낀다. 내가 없어도 될 수 있는 조직을 꿈꿈에도 내가 없어도 별 탈 없이 돌아가는 조직을 상상하면 잠시 두렵기조차 하다. 그러나 잠시만 나를 내려놓고 다시 생각하면 이 얼마나 마음 편하고 아름다운 세상인가. 옅어진다는 것, 나의 역할이 분산되고 나눠진다는 것, 한 발이 아니라 세 발, 네 발로 지탱할 수 있다는 것은 멀리 가고 오래 버티는 필연적인 조건이다.

누군가 고군분투하여 일궈내고, 그가 열매까지 다 따고, 다시 누군가 그의 뒤를 이어 후계자로 나서고, 그의 역할도 전임자의 역할과 같이 이어지는 구도에 우리는 너무 익숙해져 있다. 이런 구조는 피로현상을 가져오고 집중으로 인한 상대적 박탈상태를 몰고 올 수 있다.

모두가 동일할 수 없지만 개성을 유지하면서 다른 컬러로 옅어지고, 구석구석으로 빛이 전파된다면 옅어지는 것은 최상의 선일 수 있다. 하나의 냄새가 유독 진하게 나는 것은 일종의 집중된 현상일 수 있다. 사람이 숨 쉬는 공기가 특정 냄새가 없는 것은 옅어져 있기 때문이다. 악취도 결국은 희박해져 악취로서의 기능은 상실하게 될 것이다.

세상은 그렇게 옅어지기를 희망하고 갈구하는 사람들로 인하여 지탱되어 왔다. 집중하면 악취가 나고 독재가 되고 전쟁을 불러일으키고 지옥으로 바뀌게 된다. 옅어지기 위해 또 누군가에게로 집중할 수는 있겠지만. 죽음이라는 것은 옅어지는 지름길이기는 하나 곧 집중이기도 하다.

실패해야 한다

인류사를 통틀어 최악의 실패 쓰라림을 경험한 이는 예수다. 그는 태어나자마자 이집트로 피신을 가야만 했다. 부모의 고향으로 돌아와 어린 시절을 보냈고 부친 요셉을 따라 목수 일을 했다. 당시로서는 늦깎이 나이인 서른에 집을 나섰다. 곧바로 제자 12명을 택했다. 대부분 사회의 비주류였다. 3년 동안 스승과 제자는 동고동락했다. 제자들은 스승의 뜻을 헤아리지 못해 동문서답을 했고, 좌충우돌했고, 서로 높은 자리에 올라가기 위해 부모까지 동원했다. 스승은 때로는 알아듣기 힘든 말을 했다. 죽은 사람을 살리는 이적도 행했다. 제자들은 제대로 된 구세

주를 만났고 출세 길에 들어섰다고 자신했다. 하지만 그들의 기대와는 반대로 십자가에 못 박혀 죽자 모두 도망을 갔다. 물론 뒤에 부활을 하고 다시 제자들이 집결하여 전도에 나서긴 했다.

이것은 극단적인 사례다. 뒤돌아보면 성공은 곧 실패였다. 실패를 거듭해야 성공한다는 성공스토리나 성공담을 말하려고 하는 것이 아니다. 피나는 노력을 해야 성공한다는 전형적인 성공 로드맵을 말하려는 것도 아니다. 역사는 성공보다는 실패를 기억하기 때문만도 아니다. 실패의 정의를 말하기 위함이다. 실패 그 자체가 성공이다. 그렇다고 성공을 위한 실패라고 말하지 않겠다. 궤변이기도 하다. 실패가 성공이라니.

예수는 성공하기 위해 제자들을 택하지 않았다. 오히려 실패하기 위해 선택했다. 정의로운 사회, 조국 유대의 독립, 지상천국을 위함이 아니었다. 그가 나선 것은 그 자신의 실패를 통한 실패의 로드맵을 제시하기 위함이었는지 모른다. 예수의 실패는 예수조차 실패했음으로 이후 세대들에게 실패에 대한 두려움, 실패에 대한 부끄러움을 상쇄시켰다. 배반은 배반당한 이들을 위로해 주었다. 자신을 죽음에 내어줌으로써 죽음의 가치를 인식시켰다. 만약 예수가 실패하지 않았다면 예수는 예수되지 못했을 것이다. 성공한 예수는 더 이상 우리가 아는 예수가 아니다. 처절하게, 더 이상 실패할 수 없을 실패를 했기에 예수는 예수가 됐다.

솔직히 내가 지금 행하는 일들이 성공하기를 바란다. 그것도 아주 간절히. 그러나 아무런 장애 없이 성공하는 것은 결국 실패다. 그것은 성공이 아니다. 때로는 좌절하고, 따돌림당하고, 손가락질당하고, 무시당하고, 아주 가까이에서 협력하는 사람들도 내가 하는 일에 믿음이 없다면 그것은 진짜 내가 가야 할 길이다. 배반당해야 한다. 나를 두고 도망간다면, 그것도 괜찮은 일이다. 내가 하는 일이 가짜가 아니라 진짜라는 징표이기도 하다. 이것이 실패하는 성공이다.

누님세稅

나는 '누님'이라는 말을 좋아한
다. 누님들을 좋아한다고 하는 게 더 맞을 수 있다. 동
네에 나가 80세 정도 되는 분들을 만나면 그냥 '누님'
이라고 통칭해 버린다. 내 큰누님은 이미 80을 넘었으
니 사실 누님이라 부르는 것이 맞을 수 있다. 그러나
누님이라고 부르기는 부담이 된다. 어머니뻘이기도 하
기 때문이다. 그렇지만 누님이라 부르면 어머니나 할
머니보다 훨씬 더 얼굴에 미소가 가득하다. 그 정도로
젊어 보이기 때문이라는 생각일 수도 있지만 '누님'이
라는 단어가 주는 친근감에서 오는 감정일 수 있다.

나는 누님이 네 분 계신다. 대부분 네 살 터울이라

바로 위의 누님을 제외하고는 일찍 도시로 나가 같이 살아본 적이 없지만 어릴 적부터 누님들의 사랑을 듬뿍 받고 자랐다. 단 한 번도 누님으로부터 꾸지람을 들어본 적이 없다. 늘 사랑의 눈으로, 격려의 말로 나를 북돋아 주었다. 그래서 그런지 누님이라는 단어는 엄마와 같은 온정이 담긴 단어로 내게는 남아 있다.

잠깐 만났을 뿐인데 누님이라고 부르고 싶은 분들도 있다. 누님 특유의 든든하고 포근한 풍미를 지녔든지 내가 하는 말을 믿어주고 인정해 주는 그 은근한 정을 느낄 때는 특히 그렇다. 근 10년 전에 만난 소엽 신정균이라는 분도 그중에 한 분이다. 체격도 그렇고 목소리나 생김새가 남자 못지않은 풍미를 지닌 분이다. 서예가인 소엽 선생은 그 모습처럼 글씨가 독특하고 매력적이다. 마치 막대기 몇 개를 바닥에 눕혀 놓은 것 같은데, 하나의 단어가 되고 문장이 되며 예술작품이 된다. 나는 소엽의 일곱 번째 동생이다. 누님은 전국에 백 명의 남동생을 거느리고 있다.

그 누님으로부터 전화가 왔다. 대뜸 누님세를 내란다. 한 달에 만 원, 누님이 살아 있을 동안이다. 그 조건으로 종신토록 누님의 글을 받아 볼 수 있단다. '누님세?', '한 달에 만 원?' 이미 누님과 동생이 된 사이에 만 원은 대수가 아니고 누님이 누님의 권위로 한 달에 만 원 내라는 게 싫지가 않았다. 그렇게 하겠노라 했다. '이 얼마나 기발한가?' 라는 생각이 들었다. 일주일 후에 자동이체를 신청했다. 누님으로부터 전화가 왔다. 세 번째라고. 첫 번째가 되었더라면 더 좋았을 것을, 약간은 아쉬움도 있었지만 누님세를 낸다는 것에 뿌듯한 마음이 들었다.

그렇다면 나도 '오빠세'를 받아 볼까? 몇 사람이나 있을까? '형님세'는? 다섯 명? 자신이 없다. "거기 누구 없나요? 오빠세, 형님세 내 줄 사람, 평생토록 오빠라고, 형님이라고 부를 수 있는 권리를 드릴게요!"

'화개장'으로

화개장터가 다시 부활의 몸짓을 하기 시작한 것은 1997년경이다. 당시 조영남 씨가 부른 〈화개장터〉로 인해 전국에서 구름떼처럼 관광객이 몰려들었다. 이를 반갑게 여긴 정구용 하동군수가 화개장터 재현에 나섰다. 화개천 건너 화개면사무소 앞 두어 뙈기의 논배미를 매입하여 낮은 땅을 성토하고 그 위에다 초가형 목조주택을 지었다.

처음에는 입점자를 확보하기 위해 구걸하다시피 해서 장옥을 채웠다. 그러나 개장 후 불과 몇 년도 지나지 않아 땅값이 천정부지로 뛰었다. 입점 희망자는 넘쳐났고 급기야 여러 가지 조건에 맞는 사람들을 대상으로 추첨을 통해 선발하는 사태가 발생했다.

2014년 11월 어느 한적한 새벽에 화개장티는 불바다가 됐다. 목조식 장옥은 순식간에 잿더미로 변했다. 새벽에 현장에 도착한 나는 이 장면을 강 건너 불 보듯 보고만 있을 수밖에 없었다. 남은 것은 타다 남은 '화개장터'가 새겨진 장승의 쓴웃음뿐이었다. 2020년에는 근 30년 만에 다시 수해를 입었다. 넘쳐나는 강물에 화개천이라는 숫강까지 옆구리를 치고 들어와 강물은 오갈 데 없이 막혀버렸다.

소설 「역마」는 지금으로서는 상상할 수 없는 허구적 이야기지만 화개장터 얘기였기에 사실처럼 여겨진다. 화개장터는 일제강점기 무렵까지만 하더라도 일본과 중국 상선이 드나들었다 한다. 그러니 계연과 성기는 필연적으로 태어날 수밖에 없는 인물이었다.

'화개장'이 '화개장터'로 바뀐 것은 노래 한 곡 때문이었다. 김한길 씨가 가사를 쓰고 조영남 씨가 곡을 붙였다고 한다. 그 후로부터 '화개장'은 '화개장터'가 됐다. '장터'는 빈 터든지 5일장으로서 장이 파하면 빈 공간으로 남아 있는 곳이다. 지금의 화개장터는 빈 공간이 아니라 신식점포로, 각종 산물과 방문자로 넘쳐

나는 곳이다. 그러니 장터라는 명칭은 지금에는 어울리지 않는다.

'화개장'이 되어야 한다. 장터는 과거형이다. 현재형의 이름을 찾아야 한다. 지금의 손바닥 같은 좁은 공간이 아니라 화개면 탑리 전체를 화개장으로 확장해야 한다. 장옥 입점자들만의 전유물이 아니라 주민과 방문자 등 모든 사람의 장이 되어야 한다. 화개장터 양조장도, 골목길도, 강 건너 광양의 다압과 구례의 간전도 품어야 한다. 잘라 버렸던 줄배도 다시 이어 주어야 한다. 그래야 성기도, 계연도, 소금 장수도 다시 만날 수 있다. 화개장터만으로는 불가능하다.

화개장에 하역된 소금은 벽소령을 넘어 함양과 무주로 넘어갔다. 이 길은 소금 길이다. 소금 길은 곧 생명 길이다. '화개장'이어야 생명 길도 복원될 수 있다.

강의 단면

사물의 전체를 다 볼 수 있으면 좋으련만 그렇지 못한 경우가 허다하다. 그것을 극복하기 위해 단면을 통하여 전체를 가늠해 볼 수 있다. 불과 6년 정도 된 오동나무를 잘라본 적이 있다. 위험한 지경에 이르지 않도록 부득이 잘라내야만 했다. 정확히 여섯 개의 나이테가 선명하게 드러났다. 직경은 어른 허리 정도인데 6년 만에 그렇게 성장할 수 있었다는 것이 놀라웠다.

한 사람을 제대로 알기 위해서는 얼마만큼의 세월이 흘러야 할까? 절대적인 시간의 양도 중요하지만 사람을 안다는 것은 시간의 양에 비례하지 않을 수 있다.

사실 단 몇 초 만에 다가오는 첫 인상, 어쩌면 이것이 그 사람이 얼마만큼의 시간을 살아왔든 한 인간을 판단하는 적절한 시간일 수 있다.

어찌 사람뿐이랴. 어느 동네나 도시도 그렇다. 며칠이고 발품을 팔고 다녀야 겨우 느낌을 가질 수 있지만 한 뼘 정도 눈 흘깃한 시간만으로도 도시를 가늠할 수 있다. 사람도 자주 첫눈에 반하고 도시도 첫인상이 그 도시를 좌우한다.

나는 2012년 1년 동안 매주 토요일 섬진강으로 나아갔다. 하루 걷는 길이는 8킬로미터 정도, 강물의 흐름보다 훨씬 느리게 상류에서 하류로 걸었다. 그 시간 내 몸 곳곳에 뚜렷한 강의 지문을 새겨놓았다. 그 때문에 사진 한 장 정도면 섬진강의 어느 지점인지 거의 정확하게 알아맞힐 수 있고, 발원지 데미샘부터 고포리나 망덕 포구, 그 밑 갈사만까지 눈을 감고도 그려낼 수 있다. 그와 오래, 느리게 걸었기 때문이다.

600리 섬진강은 수백 개의 단면이 있다. 나는 그 단면을 좋아한다. 그보다 더 잘게 나눌 수 있고 그보다 훨씬 크게 나눌 수 있다. 그 단면은 수묵화처럼 몽환적일 수 있고 화병을 그려 놓은 정물화일 수도 있다. 형클어진 머리일 수도 있고 참빗으로 빗은 곱고 정갈한 모습일 수도 있다. 눈이 부시도록 하얀 백사장일 수도 있고 지금 내가 쪼그려 앉아 강을 조망하고 있는 구례 구역 아래 오산의 발가락을 간질이고 지나가는 지점, 강물이 북에서 남으로 달리다 서에서 동으로 급회전하는 부분일 수도 있다. 한 줌의 물로 출발하는 발원지일 수도 있고 망망대해로 항해하는 강과 바다의 갈림길일 수도 있다.

황전천이 섬진강과 합류하는 지점, 강이 서에서 동쪽으로 휘감아 도는 그 절묘한 단면은 두 물의 합류로 느리고 느리다. 하지만 북쪽 상류지역의 좁은 협곡을 달리는 강은 빠르다. 숨 가쁘기도 하다. 그러니 강은 느리기도 하고 빠르기도 하다. 어느 것이 옳고 그름이 아니라 각각 다른 단면이다. 지금 느린 강을 보고 있다. 강은 느리다.

영혼을 깨우는 위대한 영혼

영화 〈IL POSTINO〉를 너덧 번
봤다. 처음에는 호젓한 어촌에서 벌어진 애정영화로만
보였다. 순진하다고밖에 표현할 길 없는 한 시골뜨기
의 어색하고 정제되지 않은 캐릭터에 빠져들었다. 두
번째 볼 때에는 'Metafora' 즉 '은유'가 주는 힘에 대
한 자각을 갖게 됐다. 덕분에 작가학교라든지 글쓰기
강의에서 이 멋진 사례와 교훈을 활용하게 됐다. 세 번
째부터는 사람을 일깨우는 힘이 보였다. 자신이 살아
가는 고장에 대한 자각과 신념에 눈을 뜨게 된 것이다.

주인공 마리오가 시인 파블로 네루다를 만나 사랑
에 대하여, 자신이 살아가는 동네에 대하여, 문학에 대

하여, 정신에 대하여 눈을 떠가는 것을 이탈리아 작은 어촌을 배경으로 펼쳐지는 감성적 영화다. 오로지 작은 주막집의 베아트리체 루쏘를 사랑하게 된 것에서 시작된다. 하지만 이 원초적이고 무작정인 사랑은 위대한 시인 네루다에게 다가가게 됐고, 네루다는 마리오에게 사랑뿐 아니라 그 자신이 살아가는 동네에 무한한 자부심까지 심어주게 된다.

칠레로 돌아간 네루다가 자신을 위해 뭔가를 남기고 갔다는 것을 깨달은 마리오는 '덤불에 이는 바람', '아버지의 서글픈 그물', '태중에 있는 아이의 움직임'까지 듣게 된다. 자연스럽게 시의 세계는 더 깊어져 가고 자신의 존재적 자각으로 다시 태어난다. 시라는 장르는 그런 것이다. 작은 물방울, 바람, 보이지 않지만 분명히 존재할 그 무엇을 통해 자신의 내면을 표현하는 것이다. 통찰은 글로써 표현되고 글은 또다시 통찰을 고양시켜 다시 글로 표현되는 선순환구조가 형성된다.

잠자는 영혼을 일깨운 무엇, 그 무엇은 위대한 시인이었다. 문학을 한낱 애인을 만들기 위한 도구 정도로만 생각했던 마리오는 자연에 대하여, 문학에 대하여,

그 자신에 대하여, 세상에 대하여 눈을 뜨게 된 것이다. 결국 자신을 자각한 마리오는 한 군중행사에서 무참히 짓밟힌다.

그를 이끈 것은 위대한 시인 파블로 네루다이다. 자연이라는 도구를 메타포라는 프리즘을 거쳐 나오는 태생적 시어들이 그를 깨우게 한 것이다. 자칫했다면 영원히 잠잘 영혼을 깨운 위대한 정신, 그 정신이 필요하다. 소리 지르지 않되 깨우는 바람처럼.

나는 다시 이탈리아로 떠날 것이다. 작은 섬마을 나폴리만 포르치다 해안에서 네루다와 마리오처럼 '메타포레' 한 수 읊어 볼 것이다. 그리고 마리오가 했던 말 "시란, 쓴 사람의 것이 아니라 그 시를 필요로 하는 사람의 것입니다."를 음미할 것이다. 오래된 자전거 한 대 빌려 마리오처럼 해안을 달릴 것이다.

통감痛感체감의 법칙

사람이 느낄 수 있는 통감痛感은 한정돼 있다. 나이에 따라 다를 수도, 장소에 따라 다를 수도 있다. 1월 11일, 울란바토르 기온은 영하 30도를 밑돌았다. 내 인생 처음 만나본 최저기온이었지만 실제 내가 느낀 체감온도는 영하 10도 내외였다. 차라리 서울의 빌딩 숲에서 불어오는 영하 10도 내외의 칼바람이 통감은 더 심하다.

극한에 이르면 그 극한은 생각보단 덜하다. 지극의 환희와 슬픔은 그런 예일 수도 있다. 인간이 느끼는 감정의 상하한선이 있다는 뜻이다. 다행일 수 있다. 부가 많은 만큼 기쁨이 비례한다면, 반대로 적은 만큼 기쁨도 적다면 감정을 주체할 수 없을 것이다. 이런 것을 항상성이라 할 수도 있다. 평균율을 지켜낼 줄 아는 인간의 감정과 통감은 신이 내려주신 축복 가운데 하나다.

한겨울 칭기즈칸공항 사방은 설국이었다. 구릉지로 둘러싸인 공항은 마치 하얀 구름으로 춤추는 느낌이었다. 공항에서 빠져나와 테르지국립공원으로 가는 두 시간 넘는 동안에도 주변은 비슷했다. 오로지 차량이 지나다녔던 도로와 게르 위로 피어오르는 굴뚝 위의 검은 연기만 다른 컬러였다. 울란바토르 가장자리에 자리한 화력발전소는 도시를 데우기에 안간힘을 쓰는 중이었다. 쾌쾌한 냄새의 연기가 시내를 향해 기역자로 굽어져 빨려 들어가고 있었다.

가이드 박이 씨는 한국말에 능통했다. 불과 3년 유학, 그것도 말만 유학이지 사실상 '알바'로 돈벌이에 더 집중했던 그녀는 돌아와 독학으로 한국말을 공부했고 거침없이 유머를 쏟아냈다. "몽골은 지금 한국을 따라가고 있어요. 음식도, 생활도, 교육도, 생각조차도 한국을 따라가고 있어요. 마치 30년 전의 한국을 생각하시면 될 거예요."

좋은 것만 한국을 따라하면 좋겠다는 생각이 들었다. 출산조차 한 명이라니 말이다. 1990년대 민주화 이후 공교육이 무너지자 사교육비가 상상을 초월한단다. 거대한 국토를 소유하고 있음에도 인구는 불과 3백50만 정도다. 그것도 울란바토르에 반이 거주한다.

12세기에 세계를 정복했던 칭기즈칸의 나라 몽골, 이 황량한 중원의 나라 동토에서 어떻게 그런 영웅이 탄생했고 세계를 정복할 수 있었는지는 내겐 분명 불가사의 중에 하나다. 몽골 국민들에게 칭기즈칸은 어떤 인물로 비칠지 궁금하다. 이것조차 통감체감의 법칙이 통하는지도 모른다. 그들 나라에 이처럼 위대한 영웅이 있었다는 것이 체감할 수 있는 범위를 넘어섰을 수 있다. 그랬기에 8개월이 넘는 극한의 겨울을 이겨낼 수 있었을 것이다. 통감체감의 법칙은 일종의 인간 생존의 최후보루다.

백년손님 사위의 눈물

사위는 백년손님이었다. 누님이 네 분인 나는 어머니께서 사위 오는 날에는 안절부절 못하시는 모습을 어릴 적부터 지켜보며 살아 왔다. 큰 조카 나이가 나와 같으니 사실 큰자형은 아버지뻘이셨다. 그런 사위기에 연례행사처럼 명절에 방문하면 정성을 다해 맞이하셨다. 네 분의 자형 모두 어머니께 예의를 다하셨고 장모님, 우리 장모님 노래를 불렀다.

전통적으로 사위가 오는 날은 으레 암탉을 잡는 날로 통했다. 농촌에는 대부분 닭을 몇 마리씩 키우고 있던 시대라 사위가 오면 아버지는 닭장으로 달려가 닭을 움켜쥐고 나오셨다. 결국 뜨거운 물에 닭은 털이 벗

겨져 나가고 밥상에 기름진 닭고기가 올려졌다.

사위는 아들로 며느리는 딸로 대변신을 한 시대다. 더 이상 사위는 없어지고 며느리들도 없다. 기껏해야 하나 둘 정도니 사위니 며느리니 할 사안이 아니다. 장인과 사위는 하기에 따라서는 친구가 될 수 있었다. 나의 아버지는 장인과 같은 마을에 사셨는데 두 분은 거의 매일 막걸리 한잔씩 나누셨다. 서로를 존중하고 아끼는 친구 같기도 하고 부자 같기도 했다.

나의 장인어른은 평생 농사꾼으로 사셨다. 만년에 농사를 다 남 줘 버리고 골병 난 몸을 추리시며 여생을 보내셨다. 딸 넷에 막내아들 하나, 그렇지만 아들만 애지중지 하지 않으시고 네 딸들에 대한 애정조차도 공평하셨을 뿐 아니라 사위들에게도 늘 존중의 말씀을 잃지 않으셨다. 늘 고맙다, 수고한다는 말씀을 달고 사셨다.

살아생전에 네 딸들은 아버지를 땅에 내려놓지 않았다 할 정도로 지극정성으로 모셨다. 돌아가시기 3년 전쯤부터 지병으로 몸이 편찮으실 때는 교대로 아버지를 찾아와 봉양했는데 딸들의 효심에 백년손님 사위인 내가 감동했을 정도였다.

장인어른은 아흔에 별세하셨다. 큰 고통 없이 평온하게 생을 마감하셨다. 부음을 듣고 병원으로 달려가는 차 안에서 격하게 울음이 터져 나왔다. 첫 대면의 시간 다시 또 토해졌다. 고인을 마지막 뵈는 시간인 입관예배 때도 그랬다. 발인을 하고 장인께서 다니셨던 교회를 한 바퀴 돌고 집으로 돌아와 마당과 안방을 이별할 때에는 더 주체할 수 없었다. 장의버스에서까지 눈물은 이어졌다. 아들 기훈이가 내 곁에서 내 등을 다독여줬다. 백년손님 사위가 드리는 최고의 예우일지도 모른다. 살갑게 대하지 못했고 변변찮게 해 드린 게 없다.

장인과 사위 관계를 떠나 한 인간과의 이별, 그 이별을 대하는 이생의 사람이 느끼는 흐느낌일 수 있다. 백년손님 대 장인과의 이별은 나와 장인의 관계처럼 단출했다.

비난받을 자격

큰 나무는 그 크기만큼 바람을 맞는다. 살아온 세월만큼 바람을 맞는다. 가지 많은 나무 바람 잘 날 없다는 속담도 이와 비슷하다. 가랑비는 물론이고 큰비나 폭우조차 먼저 맞아야 한다. 뜨거운 태양빛도 그의 책임이다. 오로지 몸으로 견뎌낼 뿐이다. 비와 바람과 레이저보다 더 강한 햇빛을 감당해야 하는 것도 그의 몫이다.

사람도 나무처럼 바람과 비와 햇빛을 견뎌내야 한다. 역할이 증대될수록 견뎌내야 하는 일들은 나무가 견뎌내야 할 것과 다르지 않다. 감당해야 할 일이 커질수록 맞아야 할 바람의 세기도 다르다. 역풍도 있을 수 있다. 예측하지 못할 역풍에 두 동강 나는 나무처럼 위험에 노출될 가능성도 배제할 수 없다.

하지만 사람과 나무는 태생적으로 다른 면모를 지니고 있다. 바람과 비와 햇빛은 나무의 자양분일 수 있지만 사람에게는 치명적일 수 있다. 비난이라는 바람과 비와 햇빛이다. 높이 올라갈수록, 그 크기가 증대될수록 사람이 받아야 할 비난은 일종의 비례관계에 있게 된다.

성자나 성인이 아닐진대 비난은 자연의 섭리와 같다. 성자나 성인조차 비난을 피하기 쉽지 않다. 예수는 비난의 원조가 됐다. 그의 생애는 비난으로 점철됐고 결국은 십자가형을 당했다. 2000년이 지난 오늘에도 극과 극의 대우를 받고 있다. 예수를 하나님의 아들로 예배하는 사람들이 있는가 하면 그를 믿을 때 극형을 받게 되는 자들도 있다.

비난받으면 상처 입게 된다. 나무가 크든 작든 바람에 흔들리는 것은 마찬가지다. 작은 나무는 오히려 그 작음으로 받는 상처가 더 클 수 있다. 큰 나무는 탄성이라도 있어 바람이 불면 흔들림을 타게 될 수도 있지만 작은 나무는 그렇지 못하다. 비난에 익숙하지 않은 사람은 작은 나무가 받는 상처보다 더 크게 상처 입는다.

적이 없는 사람이 있다. 모나지 않고 둥글둥글 모든 것이 좋고, 좋은 것도 좋고 좋지 않은 것도 좋아하기 때문이다. 그가 행하는 일이 모든 사람을 만족시키기 때문일지도 모르지만 사람으로 태어나 그런 사람이 된다는 것은 불가능하다. 어떻게 모든 사람을 만족시킬 것인가? 하나님조차 불가능한 일이다.

비난받을 일을 하지 않는 것이 비난받을 일일지도 모른다. 우리가 살아가는 사회는 누군가는 비난받아야 하는 구조다. 그렇지 않은 사회라면 이미 천국이다. 모두가 만족한 사회, 마치 증류수와 같이 아무런 맛이 없는 사회일 수 있다. 비난을 무릅쓰고 건전한 사회인이 되고자 하는 것, 이것은 비난받을 자격과 같다. 스스로 자격증을 만들어 목에 걸고 다녀야 하리라.

전선戰線이 구축되다

　　　　　　　주적이 누구인지 논란이 된 적이
있다. 우리는 누구를 향하여, 어디를 향하여 총구를 겨
눠야 하는지 물음이었다. 군사적으로 중요한 위치에
있는 이가 임명장을 받으려 할 때 청문회상에서 빚어
진 현상이었다. 주적이 명확하지 않았던 정부도, 명기
했던 정부도 있었다. 주로 진보 측에서는 주적을 명기
하지 않았다. '북한이 우리의 주적인가?'라는 물음에
응답하지 않았다는 말이다.

　굳이 말을 내뱉음으로 전선을 구축하지 않겠다는
것이다. 말의 힘이기도 하다. 속으로 삼키고 가둬두는
것과 입을 통해 뱉어지는 것은 다르다. 현 정부에 들어

와서는 주적은 확실하게 내뱉어졌다. 북한이다. 북으로 향하여 모든 총구가 겨눠지고 있는 상황에서 왜 전 정부에서는 굳이 주적을 북한이라 말하지 않았을까?

말이 내뱉어지니 자연스럽게 시각적으로도 전선이 구축되기 시작했다. 모호성 외교정책으로 굳이 전선이 구축되지 않았던 때에 한미일 간에는 그 끈끈함이 흐려졌었다. 누가 우리의 적인지, 내 편은 누구인지 말하지 않아 피아 구분조차 어려웠다.

밖에 나가서 대자보를 보지 않아도 수천 가지의 전선이 구축되고 진영은 견고해지고 있다. 남자와 여자, 청년과 중장년, 도시와 농촌, 서울과 지방, 외국인과 내국인, 며느리와 시어머니, 고용주와 피고용주, 임시직과 정규직, 여당과 야당, 이런 진영들은 날이 갈수록 더욱 견고하게 철옹성을 쌓는 중이다.

오래된 전통이지만 고용주와 피고용주 간의 전선은 고전적인 갈등이다. 차라리 이런 전선 정도는 애교로 봐 줄 수 있을 만큼 인간의 욕구가 발로된 현상이다. 피고용자 입장에서는 적은 노동으로 큰 대가 받기를 바라는 것, 고용주 입장에서는 적은 보수로 많은 노동의 지불을 바라는 것과 같다. 단 한 명이라도 고용하기 시작하는 날부터 자연스럽게 전선은 구축되고 견고한 진영으로 자리하게 되는 것이 일반적이다.

이 진영이 견고해지고 진영과 진영이 연결되기 시작하면 하나의 전선이 형성된다. 꼬리에 꼬리를 물고 늘어서는 것이다. 알고 보면 우리가 살아가는 사회는 무수한 진영과, 그 진영과 진영이 꼬리에 꼬리를 물고 늘어선 전선으로 가득 찬 세상에 살아가는 중이다. 이 많은 진영과 전선이 평상의 상태로 계속되면 하나의 일상이 된다. 하지만 무엇 하나가 촉발되기 시작하면 치열한 전투가 일어나고 전쟁으로 비화하여 특이점이 되는 지점에서는 대전大戰이 일어나게 된다.

성급해져 가는 우리 사회는 주적이 누구냐고 굳이 묻지 않아도 총구는 동시다발적이며 다방면을 향해 치열한 전투 중이다. 이미 특이점을 맞이하고 있다.

임윤찬과 마린 알솝

피렌체에서의 냉정과 열정이 결국 밀라노에서 합일을 보게 되는 영화 〈냉정과 열정〉을 열 번 넘게 돌려봤다. 열정의 종착점이 되었던 밀라노 중앙역에서 그들의 체취를 느껴 보기 위해 역 가까운 곳에 숙소를 잡아 놓고 몇 번이고 역사를 들락날락했었고, 아무 일 없이 기차표를 끊어 피아첸차까지 다녀오기도 했다. 결국 둘은 밀물처럼 빠져나가는 밀라노 중앙역 플랫폼에서 열정은 냉정으로 냉정은 열정으로 화한다.

2022년 반 클라이번 피아노 콩쿠르 결선은 피아니스트 임윤찬과 지휘자 마린 알솝의 냉정과 냉정의 명확한 구도 속에 치러졌다. 라흐마니노프 피아노 협주곡 3번은 라흐마니노프가 지닌 기교를 마음껏 발산하기 위해 작곡했다지만 음악만 들으면 분명 뜨거움의 극치를 이룬다.

공연장이자 경연장은 흑백 톤으로 가득했다. 화려한 조명으로 장식할 법한 오케스트라 무대도 최대한 낮은 조도를 유지했다. 단원들도 검정색 마스크에 검정색 톤의 정장 유니폼을 착용했다. 임윤찬도 검정색 정장에 하얀 와이셔츠다. 마린 알솝은 68세, 윤찬과는 꼭 50년 차이다. 알솝 또한 흑백의 정장 차림이다. 그녀는 역동적 선율조차 최대한 절제하는 지휘를 이어갔다.

카메라는 지속적으로 두 사람을 동시에 앵글에 넣었다. 두 사람의 표정을 40분 내내 관찰했다. 카메라 또한 화자에 포함돼 피아니스트와 지휘자를 지켜보고 때로는 대화에 참여하려 했다. 나는 그 세 화자 곁에 웅크리고 앉아 그들의 움직임과 표정과 행동 하나하나를 손금 보듯 지켜봤다. 세 화자에 소리 없이 끼어든 네 번째 화자인 셈이다.

그 누구도 서로에게 기꺼이 다가거나 말을 걸지 않

았다. 눈길조차 보내지 않으려 했다. 음극과 음극이 서로를 밀어내는 극과 극의 대화는 40분 내내 이어졌다. 윤찬은 특유의 무표정이었다. 극렬한 곳에서조차 그의 표정은 고정돼 있었다. 감성미 가득한 선율에서도 표정을 읽을 수 없었다. 알슈 또한 그랬다. 선율을 이끌어가되 장악하려 하지 않았다.

윤찬은 알슈의 등 뒤에 피아노와 마주하고 있었다. 알슈과 윤찬은 굳이 시선을 마주할 기회조차 많지 않았다. 카메라는 이 둘의 균형을 잡으려는 저울의 추처럼 단 한 걸음도 누구에게 더 다가가지 않았다. 결국은 3악장을 열정의 도가니로 장식하자 비로소 객석은 환호로 물결치고 윤찬과 알슈은 처음 만나는 사람마냥 겸연쩍게 마주 보고 가벼운 포옹을 나눈다. 둘의 포옹은 다소 어색하고 냉정과 냉정은 연속된다. 그들이 나눈 짧은 포옹은 피아노 협주곡 4장으로 이어질 듯하다. 끝나지 않을 냉정의 피아노협주곡이 흐른다.

어느 정도의 무모함

　　　　　　　　　　　내 안의 나는 마그마가 용암으로
분출되는 것처럼 내 속의 넘쳐흐름과 끓음으로 태어난
다. 나를 깨우는 그것은 스스로의 자각일 수 있고 외부
로부터의 자극일 수도 있다. 어느 쪽이든 무엇으로부
터든 누구로부터든 자각할 수 있다는 것은 다행스러운
일이다. 그 자각이 내부의 일깨움만으로 끝나지 않고
외부로 표출되기 시작하면 나를 넘어 주변을 자극하고
그 자극이 또 다른 자각을 불러일으키게 된다.

　나 자신을 일깨워 움직이게 하는 것, 나 외에 다른
무엇인가를 움직이게 하는 것, 그것은 용기에서 출발
한다. 깨어났다 하더라도 움직임이 없으면 깨어남은

내 속에 잠자는 마그마로서 그친다. 용기는 마그마를 분출시켜 용암이 되게 만든다. 용기는 처음부터 용기가 아닐 수 있다. 용기는 자발성의 의미를 지닌 단어라 할 수 있지만 용기로 순화되기 위해서는 무모함이라는 정제되지 않은 암석에서 출발한다.

이것을 나는 '어느 정도의 무모함' 이라 한다. 어느 정도라 함은 '무모함' 이 절제되지 않은 무지막지한 것이면서 용기로 화하지 못하고 소란만 피우는 무절제함이라 보기 때문이다. 어느 정도의 무모함이 지속성을 지니게 되면 차츰 용기라는 단어로 바뀌게 된다. 용기는 내 속의 마그마를 분출시키고 그것이 멋진 장관을 연출해 내는, 그로 인해 지각이 변동하고 주변을 태울 수조차 있는 힘을 가지게 된다.

내가 어느 정도의 무모함을 가지게 된 것은 용기 없음으로부터였다. 여러 권의 책을 출간한 것, 조기 퇴사한 것, 기업을 설립한 것, 제법 긴 여행을 떠난 것, 사람을 만난 것, 가끔씩 강의를 하는 것과 같은 것들은 대부분 나의 '어느 정도의 무모함' 에서 시작됐다.

시집을 출간한 것도 그렇다. 물론 탁월한 산하를 내가 사유하게 된 것에서 시작됐지만 시인은 하늘이 내려준 사람이라 생각했음에, 나는 시인의 반열에 설 수 없는 사람으로 확신했었다. 하지만 다소 무모한 걸음이 시집을 발간하기에 이르렀다. 그 후로 이어진 어느 정도의 무모함은 다른 책과 시집으로 연결됐고 책은 책을, 사람을, 사건을 만들어 내는 연결고리가 됐다.

완벽주의자이기에 완벽하게 준비하고 느슨하게 대응하는 방식을 추구하지만 그래도 완벽주의는 늘 2% 부족한 것, 어느 정도의 무모함의 양념 없이는 완벽은 완벽으로 태어나지 못하는 운명이 된다. '어느 정도의 무모함', 정제되지도 절제되지도 않지만 이것이 연속되고 지속되면 절제된 용기로 나서게 되는 것은 숨겨진 보화와 같다. 용기의 출발은 어느 정도의 무모함으로부터임은 말할 필요가 없다.

행간을 넘어 뜻으로 읽음

         어르신들을 모시고 자서전 교실을 하면서 내가 배우는 것은 어르신들이 나를 통해서 배우는 것의 몇 배 이상이다. 10주간의 수업 그것도 한 주에 2시간 정도지만 수료 후의 감동은 같이 보낸 시간과 비교할 수 없을 정도로 크다.

한 '어린이'가 수업시간에 숙제 발표를 할 때 단 한마디의 글에서 천둥소리를 들었다. 80 가까운 '어린이' 입에서 터져 나온 말은 '엄마, 저 동주예요!' 였다. 마치 소년이 엄마에게 쓴 편지처럼 엄마에 대한 애정이 폭포처럼 쏟아졌고, 엄마에 대한 그리움이 어리광으로 번져 온 교실을 가득 메웠다. 그 울림이라니!

글은 글자로 읽을 수 있고 행간을 통해 읽을 수도 있고 행간을 넘어 한 권의 책을 통째로 읽을 수도 있지만 그것도 부족할 수 있다. 이때는 뜻으로 읽어야 한다. 뜻으로 읽기 위해서는 글을 쓴 이와 하나 되고 그 속에 들어가 그와 소담한 대화를 나누고 그는 내가 되고 나는 그가 되어야 가능한 경지다.

박경리 소설 『토지』 1권 3장 '골짜기의 초롱불'에 이런 글이 있다. "초상이 나서 집 안에 불이 온통 켜졌을 무렵 고소성 골짜기를 지나가는 초롱불이 있었다." 소설의 복선이 되는 구천이와 별당 아씨가 야반도주하는 장면을 싸늘한 단 한 줄의 글로 끝내버린 박경리 선생의 매몰참이 서슬 푸르게 드러나 있다. 그러곤 곧장 4장으로 넘어가 버리니 두 사람의 야반도주에 대한 묘사는 두부모 자르듯 종적을 감춰버린다. 행간으로조차 읽을 수 없는, 뱀 꼬리 자르듯 잘려나간 이 단절에서 들려오는 야반도주는 내 귀에 종일 울리고 쟁쟁거렸다.

전쟁터의 장군이었지만 글로써 그를 더 잘 알게 된 카이사르의 『내전기』에도 박경리 선생의 글 못지않은 싸늘함이 있다. 그리스 파로살로스 전투에서 패한 폼페이우스는 아프리카 알렉산드리아로 도주하는데 뜻밖에 폼페이우스는 이집트 왕으로부터 살해를 당하는 비운의 주인공이 된다. 약 7일 후 카이사르는 폼페이우스를 추격하기 위해 항구에 도착하자마자 그의 죽음을 알게 된다. 애증의 관계였던 두 사람 사이를 카이사르는 『내전기』에서 단 한 줄로 끝내 버리는데, 질주하던 말이 절벽에서 멈춰버린 상황이랄까. "알렉산드리아에서 폼페이우스의 죽음을 알았다."

멈춰버린 문장은 더 큰 울림과 진동으로 이어지게 마련이다. 이 진동과 여진을 느끼기 위해서는 단순한 문맥이나 행간으로는 불가능하다. 책 전체를 관통할 뿐 아니라 작가 속에 들어가 또 다른 그가 되고 그와 일체가 될 때 가능하다. 이것을 '뜻으로 읽는다' 라고 표현할 수밖에 없다.

4부

밖에서 본 너

그것은 거짓말

좀 오래전 내가 정부미를 먹고 있을 때의 일이다. 이름만 들으면 알 수 있는 항공사의 기내잡지사 소속 사진작가와 기자가 봄 호 취재 차 내가 사는 동네를 찾아왔다. 아직 2월, 봄은 바로 코앞이었다. 나는 하동의 명소와 사진을 찍으면 좋을 곳 몇 곳을 추천해 주었다. 그런데 문제는 일기가 받쳐주지 않았다. 봄을 시샘하는지 바람은 태풍급으로 불었고 빗방울까지 뿌리는 최악의 날씨가 며칠 연속되었다. 나는 걱정이 되어 날짜를 잘못 잡아도 한참 잘못 잡았다고 했더니 그래도 촬영할 수 있고, 해야 한다고 하면서 길을 떠났다.

약 한 달 후 소포로 배달된 한 뭉치의 잡지를 받아보고 나는 경악할 뻔했다. 바람 속에 흔들리는 하동과 섬진강이 역동적이다 못해 살아서 내게 성큼성큼 걸어오고 있지 않는가! 어떤 상황에서든 그들은 상황을 비판하지 않고 그 상황을 역이용하여 그들만의 작품을 만들어 내고야 말았다는 것에 '프로는 바로 이런 것이구나' 하는 것을 배우게 됐다.

위로를 주는 것은 몇 가지의 핑계다. 바쁘다, 시간이 없다, 조건이 안 받쳐 준다, 세월을 잘못 만났다와 같은 것들이다. 얼마나 큰 위안인가? 하지만 살아가면서 이런 것들이 점점 나를 위로하기보다는 나를 갉아먹는 좀이라는 것을 깨닫는다. 내가 믿지 않는 말 중에 하나는 '시간이 없었다'는 것이다. 시간이 없는 것은 사자死者들뿐이다.

작가라면 어떤 환경에서든 글을 써 내야 한다. 나는 기성작가의 등단 절차를 밟지 않고 책을 여덟 권 출간했다. 사진 시집을 포함하여 시집이 세 권, 에세이가 두 권, 답사여행기가 두 권, 인문서가 한 권이다. 그중 네 권은 내 인생에 가장 바쁠 때 출간했다. 물론 나머지 네 권도 결코 시간이 넉넉한 가운데 출간하지 않았다.

어디 작가뿐이겠는가? 공직자는 어떤 환경에서든 공직자로서의 임무에 충실해야 하고 정치인들은 어떤 환경에서든 자신의 몸을 던져야 하고 농부는 어떤 환경에서든 농사를 지어야 하고 상인 또한 어떤 환경에서든 상도를 걸어야 한다. 시간이 없다거나 환경이 받쳐주지 않았다는 식의 핑계로 임무를 수행했다면 프로가 아니라는 것을 스스로 자백하는 것이다.

나는 자칭 작가이자 시인이다. 구태여 이 신분을 숨기지 않고 떠벌린다. 말함으로 내 말에 책임감을 갖게 되고 그 책임감으로 행동에 옮기게 될 것이기 때문이다. 비록 돈을 목적으로 하는 작가는 아닐지언정 프로라는 생각은 흔들림 없다. 어떤 환경에서든 나는 글로 표현해야 하는 작가다. 시간이 없다는 말은 가장 먼저 내가 안다. 그것은 거짓말이라고.

피아니스트 발렌티나 리시차

눈물을 참 잘 흘리는 분이 있다. 연설을 하다가도, 직원들에게 훈시를 하다가도, 강의를 하다가도 주체할 수 없는 눈물을 흘리곤 한다. 겉으로 보기에는 대쪽처럼 강직하고 물불 안 가리고, 업무에는 저돌적인 분인데 의외로 마음은 여리고 약하다. 누구와 비교할 수 없는 강직한 분이지만 누구와도 비교할 수 없을 정도로 마음이 여리다. 그러니 강함과 여림의 차이는 종이 반의 반 장도 아닐 수 있다.

센 척하는 사람은 의외로 약함을 가리기 위해 가장하는 노력일 수 있다. 그런 면에서 볼 때 나도 눈물이 제법 있는 사람이다. 때로는 냉철하고 냉혈인간처럼 보일 수 있지만 어느 한쪽 구석에는 눈물샘이 제법 흥건하게 고여 있다. 사람들의 애틋한 정, 순수성이 내재된 상황 속에서 내 눈물샘은 잘 터진다. 최근 어르신들 자서전 교실을 마치는 졸업식에서 눈물을 참기 위해 무던히도 애썼던 기억이 있다. 아, 눈물을 보이는 것은 헤픈 감정일 수 있다는 자책감에 이를 악물었다.

피아니스트 발렌티나 리시차라는 사람이 있다. 내한공연 중에 그녀는 오열했다. 연주가 중단됐다. 베토벤 피아노소나타 29번 〈함머클라비어〉를 연주하는 중이었다. 코로나로 인하여 자칫 공연 자체가 취소될 뻔했지만 우여곡절 끝에 공연이 성사됐고, 그녀도 900명이 넘는 관객도 모두 마스크를 쓴 채 공연에 참가했다. 그녀의 공연 사진 한 장을 봤다. 눈은 감겨 있고 고개는 약간 뒤로 젖혀져 있으며 얼굴은 붉게 물들어 있다. 마치 눈물이 펑펑 쏟아져 나오는 수도꼭지 하나를 달고 있는 것처럼 보였다. 결국 그녀는 그 대가로 앙코르만 1시간 넘게 선사했다.

아침 산책길에 그녀가 연주하는 베토벤 피아노 소나타 14번 〈월광〉을 들었다. 수백 번 들었던 이 곡이 새롭게 들려왔다. 그녀의 연주 장면이 스쳐 지나갔다.

관객도 소리를 죽이고, 주체할 수 없는 눈물, 피아노 건반 위에 엎드려 흐느끼는 연주자, 잠시 침묵이 흐르고 난 후 객석에서는 기립박수가 터지고, 그녀는 가만히 일어나 관객을 향해 목례를 한 후 눈물만큼이나 강렬한 〈월광〉을 연주했다. 구름을 넘기도, 시냇물을 건너기도, 산들바람을 타고 들판을 거닐기도, 폭풍을 불어 올리고, 천둥번개가 치기도⋯ 결국은 정적으로 접어드는 〈월광〉 3악장을 우레와 같은 박수와 환호 속에 마쳤다.

그녀가 눈물로 연주를 중단했을 때, 그날 그녀가 상상하지 못했던, 관객도 전혀 예상하지 못했던 최고의 연주를 한 것이다. 그 이상 더 훌륭한 연주는 할 수 없고 기대할 수 없는 것이다. 눈물이 연주를 했다.

모티브

하동은 박경리 선생의 고향과 같은 곳이다. 선생의 분신이라 할 수 있는 『토지』가 탄생한 곳이기 때문이다. 지금부터 십수 년 전에 선생은 평사리문학제에 다녀가셨지만 나는 먼 발치에서조차 뵙지 못했다. 하지만 선생의 체취를 하루도 빠짐없이 느끼고 산다. 평사리가 평사리 된 것은 박경리 선생의 공로다. 굳이 하동이니 악양이니 하는 말들보다는 평사리라는 지명이 대명사로 자리 잡았다.

『토지』 첫 페이지는 이렇게 시작한다. "1897년의 한가위, 까치들이 울타리 안 감나무에 와서 아침 인사를 하기도 전에, 무색옷에 댕기꼬리를 늘인 아이들은 송

편을 물고 마을길을 쏘다니며 기뻐서 날뛴다." 이어서 평사리의 무채색 추석 풍경이 싸늘하게 이어진다.

그 『토지』의 실제 무대에서 매일 살아간다는 것은 나름대로 자부심을 갖게 한다. 『토지』보다 더 무게감이 있는 작품이 나오기까지 평사리는 『토지』에서 벗어나기가 어려운 현실이다. 좋은 일이기도 하고 슬픈 일이기도 하다. 하지만 우리는 우리 당대뿐 아니라 우리 후세 대대로 이어질 명작을 가졌다.

박경리 선생은 언론 친화적 관계를 갖지 못했다. 갖지 않았다고 하는 게 더 맞을 듯하다. 선생은 『토지』완간 10주년을 맞아 '비로소' 언론에 느린 모습을 보여주셨다. 그것도 방송국이 아닌 원주 토지문화원 마당에서다. 당시 마산MBC에서 특집을 만들었는데 통영의 문인들과 방송국 인사들이 대거 원주로 올라갔다. 나는 거의 네 시간 이상 계속된 이 방송의 녹화물을 녹취하면서 들었다. 소위 박경리 전문가라는 분들도 선생의 강의를 들을 수 있는 기회가 없었을 것이고, 언론을 통한 인터뷰 자체도 흔하지 않은 일이어서 당시의 특집방송은 '박경리학'의 교과서가 될 법하다는 생각도 들었다. 물론 나도 이를 교과서로 삼았다.

'섬진강과 소설 토지' 강의를 준비하면서 나는 이 길고도 긴 영상물과 며칠 밤 씨름했다. 선생의 소설 『토지』가 탄생한 것은 외할머니로부터 들은 실화에서 출발한다. 선생의 외할머니는 추석이 되어 친정 거제에 가셨는데 들판은 황금물결을 일렁이고 있었으나 추수할 사람이 없었다.

선생은 외할머니로부터 들은 이 짤막한 스토리가 『토지』를 쓰게 된 모티브가 되었다고 했다. 멈춰서 버린 황금들판은 결국 불후의 대하드라마를 탄생시킨 씨앗이 된 것이다. 인간의 유한함은 한恨을 낳고 이 한은 선생의 생명사상으로 승화됐다.

『토지』 속의 길상은 강의 끝 바다를 그리워했고 나는 강의 시원을 그리워했다. 시작과 끝은 극과 극이 아니라 맞닿아 있다. 모티브도 그렇다. 호열자, 황금들판은 『토지』로 이어진다.

무너지다

세상에서 가장 아름다운 모습 중에 하나는 삶을 마감하고 초연히 떨어지는 꽃잎과 나무이파리다. 바람 한 점 없는 날 깃털보다 더 가는 이파리가 바람에 실려 흔들, 흔들 계단 밟고 내려오는 모습은 미의 절정이다. 떨어진 나무이파리 밟고 서면 내 발 밑에서 꿈틀거리는 생명, 생명은 지금부터라는 말을 해 주려는 듯하다.

무너지다,라는 말이 예전엔 이처럼 아름다운 줄 몰랐다. 떨어지다,라는 말이 이처럼 생동감 있고 사랑스러운 말인지 몰랐다. 놀란 가슴에 심장이 무너지고 소식 없던 그로부터 전화 한 통이 어쩜 이렇게 가슴 쿵 무너지게 하는지. 생명이 있다는 것은 이런 것이다. 시작이 있고 끝이 있다는 것이다. 무너짐은 곧 시작이요, 끝의 시작이다. 그 시작은 시작하게 그대로 두어야 끝으로 향하게 된다. 그러니 무너지는 것은 꿈틀거림이다. 약동이다. 외침이다. 호흡이다. 무너짐이 없는 것은 멸망이다. 사기다. 거짓이고 폭망이다.

무너지는 것을 다시 일으키는 것을 복원이라고들 한다. 그러나 복원은 가장이다. 가면이다. 죽은 사람 대신 세워놓은 마네킹이다. 웃음도 울음도 표정도 없는 몰인간이다. 어느 고을이나 할 것 없이 대대적인 복원사업을 벌이고 있다. 각 잡히고 화려하고 새파란 기운의 가장행렬에 흥미를 잃는다. 화려한 화장과 역겨운 분 냄새, 죽은 시체에 발라 놓은 총천연색 화장이다.

차라리 살아 있는 것은 무너진 채 살려둔 쓰러짐이다. 그리스 아테네의 어느 신전은 무너져 있음으로 세워져 있고 생명을 지니고 있다. 로마의 포룸은 무너져 있음으로 원로원들의 연설 소리를 들을 수 있다. 아그리젠토 신전계곡은 신전들이 쓰러져 있음으로 살아 있다. 무너져 있음으로 들려오는 소리를 이 땅에서는 더 이상 들을 수 없다. 복원하여 입을 막아 버렸고 박제시켜 놓았기 때문이다.

어느 도시에 가면 2천 년이 넘은 성곽을 복원해 놓았다. 어느 도시뿐 아니다. 어느 도시나 그렇다. 칼날보다 더 날카로운 청돌 모서리에 몸서리가 쳐지고 바람소리 외에는 그 어떤 소리도 들을 수 없는 이 항변은 무엇인가. 복원은 파괴요, 살인교사다.

무너짐이란 그렇다. 그대로 두면 다시 살아난다. 누군가 와서 살아 있음에 감동할 것이다. 어루만져 주고, 위하여 노래하고 시를 쓸 것이다. 오래될수록 숙성되는 술과 같을 것이다. 그때가 될 때까지 인내하고 기다려주어야 한다. 인위를 가하지 말고 참아야 한다. 무너진 당신도 그렇다. 그대로 둬야 한다. 무너져야 노래하고 시를 쓰고 새 힘을 얻을 수 있다. 무너지지 않고서는 도저히 쓸 수 없는 시가 있다.

터, 기억의 다른 말

가끔씩 생각이 나고 가고 싶은 곳이 있다. 내가 사는 곳과 그리 멀지 않은 곳에 있는 옥룡사지다. 절터다. 기독교인인 내가 이 터를 좋아하는 이유는 그 곳에 절이 있었다는 것이 아니라 동백림 숲으로 둘러싸였고, 그곳이 '터'로 남아 있다는 것 때문이다.

그 절에 대한 이야기는 굳이 하지 않겠다. 몇 년도에 누구에 의해서 세워졌다는 얘기는 여기서 하지 않겠다. 이 글의 맥락과 관계가 없고 내가 하고 싶은 말이 아니기 때문이다.

내가 이 터에 처음 갔었던 때는 2016년 12월 31일,

그날은 아마도 토요일, 차가운 바람이 몰아칠 때였다. 햇빛이 그 움푹한 곳에 집중할 때였다. 나는 주인공이라도 된 양 태양의 집중조명을 받으며 좁은 비탈길을 걸어 올라갔다. 오솔길 양쪽에는 고목의 동백나무가 빼곡하고, 사열이라도 하는 것처럼 줄지어 있었다. 아직 꽃이 피기 위해서는 적어도 두 달은 족히 더 기다려야 했다. 터는 비어 있었다. 마른 잔디들이 정연하고 나는 홀로 그 터에 앉았다. 전날 한 해를 마무리하는 종무식 공연 중에 녹음해 놓은 젊은 국악인 새아의 〈상주모심기〉를 틀었다. 소리는 거칠 것 없이 터를 휘감아 돌고 공명되어 청아했다.

상주 함창 공갈못에 연밥 따는 저 큰 아가
연밥 줄밥 내 따주마 우리 부모 섬겨다오
이 배미 저 배미 다 심어 놓니 한 배미가 남았구나
지가야 무삼 반달이냐 초생달이 반달이지

우리의 삶 속에는 터가 있었다. 놀이터, 빨래터, 우물터, 집터, 일터, 무덤터…. 터는 흔적이자 기억이다. 나는 후세들에게 무엇을 남겨야 하나? 터다. 앉아 놀

수 있는 터면 좋겠다. 위대한 유산이라고 불릴 수 있는 가공된 그 무엇보다는 기억으로 채워질 터라면 좋겠다. 터에 앉아 지나온 세월을 더듬어 볼 수 있도록 하면 좋겠다. 비워져 있는 유산이면 좋겠다.

지금으로부터 3년 전쯤에 다시 갔을 때 옥룡사지 입구는 몇몇 살림집들이 그 터를 지키고 있었다. 동네 어귀 원두막에는 차가운 겨울 날씨에도 선풍기가 자연바람에 돌다 멈추고 멈추다 다시 돌고 있었다. 오늘 찾은 그 마을은 '터'를 잃어버렸다. 시청에서 복원사업을 위해 농가를 매입하고 발굴 작업을 하는 중이었다. 창자를 다 풀어헤쳐 놓은 것처럼 시체가 즐비했다.

채움으로 터가 없어지는 것도 있지만 있던 것을 파헤쳐 놓음으로 있던 터가 사라지는 것도 있다. 그러니 채워져 있다고 해서 터가 아닌 것도 아니고 비워져 있다고 해서 터가 되는 것도 아니다. '무엇으로 기억될 것인가' 다. 추잡한 것이 아닌 아름다움의 기억이다.

허수아비 효과

전 직장에 있을 때 평사리 들판에 허수아비를 세웠던 적이 있다. 오해 마시길. 새를 쫓기 위한 것이 아니라 관광객을 불러 모으기 위함이었다. 지금으로부터 14년 전의 일이다. 당시만 하더라도 농촌이 비워져 간다는 것을 잘 납득하기 어려운 시절이었다. 농번기가 돼도 기계 몇 대만 돌아갈 뿐 예전처럼 가을걷이를 위해 농민들이 종일 종종걸음으로 들판을 쏘다니지 않아도 되니 80만 평이 넘는 거대 평야에는 공룡 같은 기계의 굉음뿐이었다.

허수아비를 세워 놓고 한 번씩 사열을 받으러 와 보면 들판은 사람들로 웅성거리는 듯했다. 넓은 황금들판에 사람까지 가득하여 밥 먹지 않아도 배부른 부자가 된 느낌이었다. 그 한참 후 면의 행정 책임자로 부임했을 때에는 아예 전국 공모를 하든가 아니면 전문가에게 부탁하여 하나의 완전한 작품이 되는 군집 형태의 허수아비를 세우기도 했다.

저녁 무렵에 들판에 나오면 가끔씩 을씨년스러운 느낌을 받곤 했다. 비가 추절추절 속절없이 내리는 날은 등골이 오싹했다. 빗속에 깔깔거리며 웃고 있는 허수아비, 춤추는 허수아비, 또 한쪽에는 하얀 소복을 입고 갑자기 내 발아래로 뛰어드는 허수아비 때문이었다. 하지만 햇빛이 찬란하게 내려 온 들판이 완전한 노란 색종이 컬러로 바뀌었을 때 멀리서 바라보는 황금 들판은 사람으로 가득 찬 공연장을 연상케 했다. 어떻든 허수아비가 주는 효과는 이런 것이다.

그러나 정작 허수아비 홍수 세상에 진짜 허수아비 보기가 쉽지 않다. 그래도 여름이 되면 산비탈 참깨밭에 밀짚모자 씌워 놓은 '참허수아비'를 볼 때가 가끔씩 있다. 이런 허수아비를 보면 비로소 가슴이 열리고 안아주고 싶고 살아 있다는 느낌이 든다. 여러 배미가 작은 골을 이루는 곳에 서 있는 허수아비는 하나 아니면 둘이다. 내가 사람을 모으기 위해 세웠던 허수아비들과는 아예 DNA가 다른 인종이다. 차라리 이들이 사람을 불러 모으는 살아 있는 생명체다. 나는 피가 흐르지 않고 가슴 뛰지 않는 박제 허수아비를 세워 놓았었다.

일본의 도쿠시마현 나고로마을은 내가 만들거나 만난 허수아비들과는 사뭇 다르다. 돌아가신 아버지를 생각하여 하나둘씩 만들었던 허수아비가 이제는 사람 대신에 동네를 채우고 있다. 3백 명이 넘었던 마을이 지금은 스물일곱 명이다. 그 빈자리를 각양각색 표정의 허수아비들이 대신하고 있다. 골목길에도, 버스 승강장에도, 들판에도, 집에도. 사람들이 함께하고 있다는 환각일 수 있고 환청일 수 있다. 이제 우리 집 골목길에도 허수아비를 세워야 할 때가 아닌지 모르겠다.

진짜 지리산에 사는 사람은
지리산 사람이라 말하지 않는다

익명성이 보장된다는 것은 좋은 일일 때가 있다. 물론 그 반대일 수도 있다. 서울의 휘황찬란한 밤거리를 활보한다고 하자. 과연 나를 알아보는 사람 있을까? 광란의 밤을 보내지 않거나 사고치지 않는다면 그 누구도 내게 눈길 한 번 주지 않을 것이다. 그러나 농촌이나 중소도시 정도만 되더라도 옷깃을 스치며 지나가는 사람은 십중팔구 서로 안면이 있는 사람이다. 어느 것이 장점인지 어느 것이 단점인지는 개인마다 다르다.

이 난관을 무릅쓰고 하방下放하는 사람들이 있다. 통칭하여 귀농이라고 한다. 귀농은 주로 두 부류로 나뉜다. 먼저 본연의 농사를 짓기 위해 오는 사람들이다. 이들은 귀농 전에 농사에 대한 사전 경험을 충분히 거친다. 또 한 부류는 엄밀히 말하면 귀촌이다. 쾌적한 환경에서 농촌다움의 여유를 즐기는 부류다. 굳이 각박한 환경에서 아웅다웅 살지 않겠다는 사람들이다. 두 부류 모두 삶의 대전환을 시도한 사람들이다.

귀촌을 감행한 사람들에게 있어서 첫째 조건은 삶의 풍요를 즐길 수 있는 환경이다. 자연, 생태는 물론이고 사람들과의 교감도 필수적이어서 문화와 예술, 지역 특성을 갖춘 곳이 선호지역이다. 반면에 귀농을 하려는 사람들은 농사를 통하여 수익을 창출할 수 있는 곳을 찾는데 선호 작목을 먼저 선택하고 그 작목에 맞는 지역을 선정하는 것이 일반적이다.

지리산 자락에도 귀농이 많다. 서울과 가까운 남원, 함양은 물론이고 다소 먼 거리지만 하동과 산청, 구례도 그렇다. 오직 지리산이라는 그 마력에 끌려 내려온 사람들도 많다. 그러니 지리산 삶에 자부심을 가지고 살아가는 경우가 대부분이다. 생활일기를 쓴다든지, SNS에 글을 올려 지리산에서의 풍미를 한껏 날리고 있다.

지리산에 와서 인생이 바뀐 사람도 있다. 지리산의 후광을 업은 것이다. 치열한 집단거주처인 서울과 같은 곳에서는 경쟁에 버텨내기 힘들었으나 지리산의 기운을 입어서인지 그 이름 석 자가 세상에 회자되는 사람들이 많다. 나는 이분들에게 아침마다 지리산을 향하여 인사한 후 하루 일과를 시작하라고 우스갯소리를 하곤 했다.

같은 지리산 자락에 살아도 자신이 지리산 자락에 사는지조차 모르고 살아가는 사람도 있다. 일명 '원주민' 들이다. 나는 40이 다 될 때까지 내가 지리산 사람인 줄 알지 못했다. 교가에도 '지리산' 이 나오지만 굳이 의미를 붙이지 않았다. 원주민들은 그 의미를 굳이 해석하려 하지 않는다. 태어날 때부터 지리산은 그들의 모태와 같았기 때문이다. 내가 지구인이라 말하지 않듯이 말이다.

전직죄인 前職罪人

대한민국 전직은 모두 죄인이다. 세상 어디나 그럴 수 있다. 하지만 대한민국만큼이야 하리오. 대한민국에서 전직은 처단되어야 할 허상이요, 지워야 할 그림자다. 그 허상과 그림자를 밟고 우리는 '현직'이라는 시간 속에 서 있다.

전직과 현직은 자리바꿈을 하기도 한다. 전직이 현직 되고 현직이 전직 되는 일이다. 이 둘은 영원한 현직을 위해 처절한 노력을 기울인다. 현직을 위해서라면 과거의 행적을 지우는 것쯤은 식은 죽 먹기로 행한다. 천문학적인 예산을 투입하여 매표하는 것도 결국은 현직을 유지하기 위함이다.

전직이 된 것은 불행한 일이다. 대한민국의 전직 대통령들은 더욱 그렇다. 불행한 일은 지금의 현직도 조만간 전직이 될 가능성이 있다는 것이다. 그것으로 끝나면 다행이다. 그렇지 않다. 미래의 현직이 될 인물들조차 전직이 될 수밖에 없는 운명이다. 시골의 시장군수조차도, 이장조차도, 면장조차도 물러서면 곧바로 전직 그룹에 가입하게 된다. 전직이 되는 순간 바로 죄인이 된다.

전직은 행동거지가 조심스럽다. 함부로 나다닐 수조차 없다. 현직의 그림자를 밟지 않기 위함이기도 하다. 현직의 자리를 침범하지 않기 위한 조용한 행보일 수 있다. 그 이면에는 전직은 모두 죄인이라는 몸에 밴 익숙함이 자리하고 있기도 하다.

전직을 보는 외인들도 전직은 늘 외롭고 고독하게 보인다. 그러니 전직들은 그들만의 리그에 참여하거나 고독하게 등산으로 소일해야 한다. 현직들과 소통하기 위해 나름 힘써 보지만 이미 '전직'이라는 꼬리표를 붙인 상태다.

이것은 역사에도 그대로 반영된다. 현직은 현직 중심으로 역사를 기술하려고 한다. 전직이 쓴 역사는 그들의 행위를 정당화시키기 위해 위장하거나 꾸며낸 것이라 생각한다. 그래서 전직도 현직이 되는 순간 역사서를 다시 편집하기에 이른다. 그러니 오늘날 우리가 읽는 역사서는 역사 그 자체를 기록한 것이라 말할 수 없다. 그러나 그 어느 언저리, 먼지가 날리는 구석 어느 곳에는 분명 '역사' 그 자체가 웅크리고 있음에 틀림없다.

언젠가는 현직도 전직이라는 뒷방으로 물러나 앉게 된다는 것은 확실하다. 인류사는 그랬다. 전직이라는, 과거라는, 이전 정권이라는 벼랑에 벽돌 하나 얹듯이 간들거리며 오늘의 역사는 서 있다. 하늘에서 뚝 떨어진 역사란 없다. 모두 전직의 산물이며 과정 속에 있다. 잊지 마시라 현직이여, 그대들도 곧 전직이 된다는 것을. 잊지 마시라 전직이여, 그대들도 한때는 영광스러운 현직이었음을. 이 땅의 모두는 영원한 전직이라는 것을.

여백

나이가 들면서 겨울이 좋아지기 시작했다. 추위만 생각하면 아닌데 겨울이 좋아지는 이유는 사방이 뚫리는 가벼움 때문이다. 밤나무를 시작으로 감나무, 단풍나무, 마당 가장자리에 있는 층층나무와 백합나무 이파리들은 늦어도 십일월 말에는 나목이 된다. 여름 양식을 대 줬던 무화과나무는 이미 그 사명을 다한 지 두 달은 됐다. 초록색 양탄자 깔아 놓았던 마당도 성장을 멈췄다.

싸락눈 내리는 날 빈 나뭇가지로 흐르는 그 단순함이 좋다. 실오라기 하나도 걸치지 않은 채 빠져나가는 그 간결한 맵시가 매력적이다. 모두 통과시켜 주는 그

장대함과 후함이 포근하다. 이때는 빛도 모두 통과한다. 덕분에 토지는 따스해진다. 아침 햇살과 함께 서리에 젖었던 땅에서 김이 모락모락 올라온다. 창문으로 들어오는 빛조차 거침이 없다. 나무들이 완전히 경계를 해제한 덕분이다.

음악에도 여백은 필수적이다. 스타카토, 쉼표와 같은 것들은 여백을 통해 채우는 음표다. 악장과 악장 사이의 공간도 여백이다. 그림도 여백을 필요로 한다. 뭐든 채워 넣는 기법도 있겠지만 여백으로 채워지는 기법도 있다.

지구촌에 '절대여백의 원칙'이 존재한다. 바다는 그 중심이다. 산과 강 그 속의 백사장, 들판, 언덕, 사구, 공원 그리고 그 속의 작은 벤치, 우체통, 도시 골목길에 놓인 피아노, 지하철 역사에 쓰인 시 한 수도 여백이다.

세상이 복잡해서 모두들 간편하고 미니멀하게 살고 싶어 한다. 밥도 혼자 먹고 여행도 혼자 떠나는 것이 일상이다. 굳이 그럴 필요까지는 없지 싶은데 세상은 그렇게 변했다. 겹겹이 쌓였던 이파리들로부터 해방되고 싶은 것 때문이다.

그래도 인간인 이상 한 구석에서 빈 여백을 보면 불안감을 느낄 수 있다. 심리 상태가 불안정한 정책가들은 빈 공간을 보면 더욱 그렇다. 여백을 채우기 위해 안간힘을 쓴다. 무엇이든 건축하려 하고 메우려고 하고 형태를 갖추려 한다. 마당은 빈 마당으로 가치가 있다. 사람 속에도 사람이 들어오기 위해서는 빈자리가 있어야 한다. 여백은 여백으로 있을 때 역할을 할 수 있다.

　퇴근길에 늘 듣던 어느 방송 프로그램의 클로징을 들었다. 진행자는 말을 잇지 못하고 삼사 분 정도 격한 감정을 억누르고 있었다. 분명 방송 사고였다. 진행자는 그대로지만 다음 날부터 작가와 프로듀서가 바뀔 예정이었다. 오랫동안 같이 일해 왔던 정을 아쉬워했던 것이다. 방송을 듣던 내게 그 삼사 분이 전율로 다가왔다. 그 여백, 어떤 클로징보다 장대하고 멋졌다. 그 방송사고는 어떤 방송 프로그램보다 강열했다. 여백이 준 멋이었다.

전화 한 통

왜 그런지 모르지만 요즘 전화 한 통에 감동하는 사람들이 많다. 팔순이 넘으신 장모님께 전화를 드리면 늘 끊으시면서 '고마워'를 잊지 않으신다. 사위가 전화 한 번 한 일이 무슨 고마운 일이라고 늘 고맙다는 말씀이시다. 그 말씀 들을 때마다 죄송하다는 생각이 든다.

그러고 보니 서울에 사는 아들이 아무 일 없이 전화를 주면 나도 모르게 끊을 때 '고맙다'는 말을 할 때가 있다. 전화 한 통이 이처럼 고맙다는 말을 쉽게 하게 만든다. 온 세상이 통신으로 연결돼 있지만 사실상 연결되어 있지 않기 때문이다.

하루에 두 분의 누님께 전화를 드렸다. 한 분은 내가 누님으로 모시는 분이고 한 분은 나의 막내 누님이다. 막내 누님은 연말에 아내와 내가 입을 잠옷을 택배로 보내주셨다. 다른 옷에 비해 잠옷에 투자했던 일이 까마득한데 예상치 못한 선물이었다. 가볍고 따스하고 부드러워서 이 잠옷만 입으면 스르르 잠이 올 것만 같았다.

고맙다고 전화를 했더니 그것 때문에 전화했느냐고 하면서 전화해줘서 고맙다고 한다. 내가 얼마나 전화를 안 했으면 잠옷을 보내준 것에 대한 반 의무감으로 전화를 했는데, 고맙다는 누님의 기쁨에 넘치는 목소리가 전화기를 울린다.

서울에 계시다가도 자주 내려오시는 영진 누님은 나를 친동생으로 여겨주신다. 내게 전화를 하고 싶어도 일에 방해될까 봐 하지 못하는 누님인데, 연초에 문안인사차 전화를 드렸더니 감지덕지 고맙다는 말로 시작해서 고맙다는 말로 끝내셨다. 세상에 전화 한 통화에 이처럼 감사하다는 말을 듣게 되다니.

그런가 하면 이틀이 멀다 하고 전화를 해 대는 사이도 있다. 마음의 벽이 없는 친구나 일을 같이 하는 동료들의 경우는 그렇다. 하나의 목표를 정해 놓고 프로젝트를 같이 수행하는 지역의 리더들도 내가 가장 쉽고 편하게 전화를 할 수 있는 상대다. 막힌 담이 헐리고 창문이 열린 상태이기 때문이다.

전화를 해서 받는 쪽에서 고맙다는 말을 연발하는 사이라면 나를 다시 돌아봐야 한다. 내가 문턱을 높게 세워 놓고 전화를 하지도 못하게 만들었기 때문일 수 있다. 누님들이 내 전화 한 통에 '고맙다'를 그처럼 연발했다면 나는 동생 역할을 잘 하지 못한 것일 수 있다.

민정이로부터 전화가 왔다. 승진을 했다는 소식을 들었을 텐데 전화를 기다리고 기다렸단다. 내가 보낸 작은 선물을 받고서야 오해가 풀렸다고 전화를 줬다. 민정이가 기다린 것은 나의 작은 전화 한 통이었다. 그녀는 한 주 전 내가 상을 받았다는 소식에 펄쩍펄쩍 뛰면서 전화를 해 주었다. 그녀가 뛰는 모습이 눈앞에서 보였다.

경계표를 옮기는 자

골프를 잘 치지 못하지만 한때는 그 사회에서 도태되지 않으려 나름대로 열심히 배웠던 적이 있다. 그렇다고 골프장에 많이 나갔던 것은 아니다. 첫째는 '쩐' 이 둘째는 '시간' 이 허락하지 않았다. '퍼블릭' 에 몇 번 갔었던 기억뿐이다. 필드에 나가면 욕심이 발로되기도 했는데 절대 해서는 안 될 행위를 몇 번 했었다. 공을 손으로 치기 편한 곳에 옮기는, 룰을 범하는 행위였다. 요즘의 사회적 화두인 공정과 정의의 룰을 어긴 것과 다름없다.

어릴 적 놀이에서도 이런 일들은 더러 있었다. 주로 딱지 따먹기, 땅따먹기, 자치기와 같은 전통놀이였는데, 구슬을 친구 모르게 옮긴다든지 땅따먹기에서 줄을 유리한 쪽으로 다시 긋는다든지 하는 일들은 사실 부지기수였다. 요즘 같으면 부정행위였다. 룰을 내 마음대로 정하고 부모 찬스를 쓴다든지 하는 것들과 다름없는 불공정 행위에 가깝다.

살아오면서 집을 몇 번 이사를 하고 건축을 위해 토지를 매입하는 일들이 한두 번 있었다. 특히 토지를 매입하면 경계를 명확히 하는 것은 나중의 불상사를 막기 위해 가장 먼저 해야 할 일이었다. '좋은 게 좋은 것' 이 되지 않을 수 있음에 미리 대비한 것이다. 붉은색 경계목을 땅 깊이 꽂아 놓음으로써 비로소 경계는 확정된다.

나는 그런 경험을 해 보지 않았지만 측량 후 상대가 불복하여 재측량하는 사례가 가끔씩 발생하는 것을 주변에서 봤었던 터다. 물론 재측량 한다 하더라도 그 경계가 변경되는 일은 있을 수 없다. 있어서는 안 되는 일이다. 사인 간의 재산과 관련된 것을 판단하는 일은 매우 중요한 일이고 그만큼 공정하고 정확해야 한다.

아무리 맑고 밝은 시대라지만 시뻘건 대낮에 코 베이는 일이 일어나고 있으니 그것은 '찬스' 를 불법으로 쓰는 이들 때문이다. 룰을 자기 마음대로 만들고 바꾸고 편법적으로 악용하는 일들이다. 아버지가 청와대 민정수석이라는 것을 입사원서에 기입하여 합격 통지를 받았다는 것은 곧 경계표를 옮긴 것과 같다. 이런 일들이 일어날 때마다 분노를 자아낸다.

경계표를 옮기는 일은 아무나 할 수 있는 일이 아니다. 대부분 권력이나 재력이나 사회적 명성을 지닌 사람들의 전유물이다. 경계표가 땅속에 깊이 박힌 나무 뿌리와 같을지라도 권력과 재력 앞에서는 무기력할 수밖에 없다. 경계표를 옮기는 일은 어제오늘의 일이 아니었나 보다. 성경에서조차 경계표를 옮기는 행위는 벌 받아 마땅하다고 말한다. 위에 앉은 자들은 조심해야 할 것이 많다. 특히 경계표를 옮기지 않는 것이 가장 크고 으뜸 되는 일이다.

보편성, 중간이 아닌 그 이상의 무엇

'모난 돌이 정 맞는다'는 말은 그리 오래지 않은 과거에 우리를 다스리는 경구로 작용했었다. 세상이 바뀌어 모가 나야 이름값 하고 사는 세상이 됐다. 그렇고 그렇게 생기거나 존재감 없는 인간은 사람대접 받지 못하는 세상이다. 워낙 미디어가 발달되고 개인의 영향력이 기성 언론에 못지않은 막강한 힘을 발휘하고 있긴 하지만 기성의 보편적 가치관으로는 힘을 쓸 수 없는 시대다.

몇 년 전 'ㅎ' 중학교에 강의 기회가 있어 아이들의 미래 희망을 쪽지에 적어보게 했다. 내게는 생소한 직업군들이 나열되기 시작했다. 우리 때에는 교사, 군인,

경찰, 축구선수, 가수 정도였지만 정작 이런 직업군을 쓴 아이들은 찾아보기조차 힘들었다. 그만큼 개성 추구 시대가 된 것을 반영한 듯했다. 이들의 직업군이 아이들에게는 보편적이라 할 수 있지만 기성세대인 내게는 삶의 극지이자 가장자리에서 버텨내고 있는 특별함으로 비춰졌다.

보편성은 한낱 유물에 불과한 퇴행적 시대정신으로 치부되는 듯하다. 대신 사람으로서 기본적으로 지녀야 할 가치관이나 품성보다는 그가 가진 끼와 예측불가능을 담보한 창조성에 더 점수가 매겨지게 됐다. 우리 사회를 지탱해 왔던 큰 흐름이 분산되고 모두 극지와 같은 모난 가장자리로 달려가고 있는 것이다. 신앙조차 보편성을 잃고 급진적 종말론 정도 돼야 '삘'이 와 닿을 정도다. 나이가 들고 있다는 징조일 수 있으나 나이가 들었기에 비로소 깨닫는 진리일 수도 있다.

보편적인 생각이 아닐 수 있으나 보편성은 중간지대나 회색지대와는 전혀 다른 곳이다. 핵심이자 정곡이다. 제대로 깨어 있어야 보이는 맹점일 수 있다. 볼 수 있는 눈, 들을 수 있는 귀가 있어야 보이고 들을 수 있다. 늘 곁에 있지만 존재를 의식하기 힘든 공기와 같을 수 있고 우주를 움직이는 질서일 수 있다. 그렇기에 그 존재를 의식하지 못하고 간과하기 쉽다.

그만큼 보편성이라는 것은 진부한 단어로 치부될 수 있다. 청소년들이나 청년들에게 보편성을 얘기할 때 그들의 반응을 부담스러워해야 할 상황이 됐다. 이는 다름 아닌 선배들이 그 소중한 금은보화와 같은 단어를 가치 없는 것으로 치부해 버린 결과다. 기성세대조차 보편성의 가치를 되새길 수 있을지 의문이다. 하물며 후세대에게 보편성을 강변하는 것은 힘겨운 과제다.

과거의 경험이 미래를 살아가는 데 장애요인이 되는 시대다. 헌 집 고치기가 새 집 짓는 것보다 더 힘들다는 말과 닮았다. 전진만 하면 되고 발전만 하면 되는 시대에 진부한 보편성을 얘기하자면 작은 용기가 필요하다.

인상人相과 가상家相

운명론을 믿느냐 믿지 않느냐, 이
것은 개인적인 철학관에 달렸다. 기독교에서는 예정론
에 입각하여 일종의 운명론적인 측면을 택하는 경우도
있다. 그러나 깊이 들여다보면 그렇지 않다는 것 또한
알 수 있다. 운명은 스스로 만들고 개척해 나가는 것이
기도 하지만 그것 또한 어쩌면 이미 내 운명은 결정되
어 있는지도 모른다. 전적으로 신의 영역이라 할 수도
있다.

인상은 운명론에 가깝다. 그가 살아온 삶이 얼굴에
그대로 노출되기 때문이다. 얼굴은 쉽게 숨길 수 없다.
미인으로는 만들 수 있고 미남으로는 만들 수 있지만

인상 즉 그가 살아온 세월을 고칠 수 없기 때문이다. 그가 살아온 세월이 현재를 살게 만들고 미래도 살아가게 만든다. 운명의 힘이다.

집에도 인상이 있다. 가상이라고 하자. 집에는 그가 살아온 세월이 그대로 노정된다. 주인의 손때와 성정이 그대로 집에 투영된다. 그래서 옛 선인들은 집의 위치나 모양새나 그 주변 환경을 매우 중요하게 생각했다. 풍수가 생겨난 이유이기도 하다. 그러나 가상은 그 홀로 만들어지지 않는다. 전적으로 그 집에서 살아가는 사람들의 삶에 따라 결정되어진다. 아파트라고 그렇지 않을 수 없다. 아파트의 외관은 건축가의 실력에 따르지만 현관문을 들어서는 순간부터는 그 집에서 살아가는 사람들의 성정에 따른다.

집에 들어가 보면 그 사람이 보인다. 나는 11년째 현재의 집에 살고 있다. 직접 설계에 참여했고 집의 배치나 수목의 배치 등 모든 것이 나와 나의 가족들에 의해 결정됐다. 마당에 놓여 있는 돌들, 나무의 크기, 벤치와 창고의 모양새, 텃밭…. 그 어느 것 하나도 우연히 된 것이 없다. 모든 것이 나와 가족의 결정대로 됐다.

그러니 인상은 곧 가상이다. 가상은 곧 인상이다. 둘

은 실상은 동명이다. 가상이라 써 놓고 인상이라 읽는다 해도 틀리지 않다. 그렇다면 글은 어떨까? '글은 곧 그 사람이다' 라는 말을 명제라 생각한다. 아무리 미사여구를 썼다손 치더라도 그 속에는 그 사람의 존재가 들어 있다. 이것을 일컬어 일명 풍격風格이라고 한다. 풍격은 곧 그 사람이다. 오랫동안 써 온 글들과 그가 내뱉는 말은 사실은 그 사람을 대변한다.

차茶를 마셔보면 차의 맛은 모든 차 농가마다 다르다. 농사를 짓고, 차를 제조하는 과정 속에서 차농의 성품이 그대로 차 맛에 고이게 된다. 이를 차품茶品이라고 한다. 얼굴과 집과 글과 차는 인위적으로 조작될 수도 있지만 그 조작조차 누군가의 성정이 담기게 된다. 네 가지는 따로이기도 하지만 하나일 수 있다.

편견 없음

색안경을 쓰는 것은 의도적인 편견을 갖고자 하는 자발적 행위다. 붉은색 안경은 모든 세상이 붉게 보이고 파란색 안경은 파랗게 보인다. 의도적으로 왜곡된 세상을 보고자 함이다. 비록 강렬하게 내리쬐는 태양에 눈을 편하게 가지자는 목적일 수 있지만 결국은 색을 통한 편견되고 왜곡된 세상을 보고자 함이다.

편견은 일종의 개성이다. 모든 사람이 같은 환경에 살아도 개인차는 있게 될 터인데, 그러니 편견은 어떤 조건에서도 있을 수밖에 없다. 편견은 사물을 보는 각도이기도 하다. 앉아서 보는 것과 서서 보는 것, 누워

서 보는 것과 하늘에서 보는 것은 비록 같은 사물일지
라도 전혀 다른 모습으로 보이게 된다. 그렇지만 편견
을 최소화하는 것은 사물을 바르게 보는 방식 중 가장
중요하고 가장 기초적인 요소다. 편견에 둘러싸일수록
세상을 보는 것은 짙은 색안경을 끼고 사는 것과 다르
지 않다.

이런 연유로 예술에서조차 편견을 줄이기 위해 노
력 중이다. '아르 브뤼Art Brut'라는 장르로 대표된다.
날것, 가공하지 않은 순수한 예술을 의미한다. 프랑스
의 화가 장 드뷔페Jean Dubuffet가 주창했다. 이른바 발달
장애인들이 세상에서 보편적으로 충만한 편견과 가공
된 것에서 벗어나 자기 본연의 날것 그 자체로 세상을
바라본 시선으로 그린 그림이다.

초등학생들이 그린 그림을 심사해 본 적이 있다. 그
림에 대한 전문가가 아닌 내가 봐도 대단한 그림실력
을 지녔다는 생각이 들 정도로 아이들의 작품은 독특
하고 완성도조차 높았다. 하지만 어디에선가 많이 본
듯한 그림들 일색이었다. 심지어 출품된 그림들은 몇
가지로 구분이 되었는데 짐작할 수 있었던 것은 같은
미술학원 수강생들의 그림은 닮은 점이 많았다는 것

이다.

'아르 브뤼'는 어느 누구의 작품을 모방하지 않는 자신의 내면 속에 내재되어 있는 본성을 무엇으로도 간섭 없이 세상에 표출하는 방식이다. 그러니 자기 자신의 원형이라 할 수 있고 그 자신 자체라 할 수 있다. 이들은 그림뿐 아니라 삶도 본성으로 살아가는 사람들이다. 사람들은 이들을 발달장애인이라 치부하고 자신들이 낀 짙은 색안경으로 바라보지만 실은 이들은 편견 없이 세상을 보는 사람들이다.

그들 자신을 통해 왜곡 없이 원형의 세상을 바라보는 몇 안 되는 사람들임에 틀림없다. 지리산현대미술관에서 개최된 '아르 브뤼' 미술전은 간섭받지 않은 작품 그 자체였다. 비로소 이들을 통해 오염되지 않은 세상을 볼 수 있다니, 태초에 창조된 세상의 컬러도 바로 이런 모습이지 않았을까.

틈바구니 철학

우리가 살아가는 곳은 틈새의 어느 공간 정도다. 오늘과 내일, 어제와 오늘과 같은 시간의 틈새이거나 이웃과 이웃, 거리와 거리, 도시와 도시 같은 공간의 틈새이기도 하다. 그 틈새를 요행히도 잘 버텨 온 것, 그것이 오늘이라는 시간에 도달해 있다. 그것이 틈새인 줄 몰랐다.

틈새가 벌여 놓은, 시공이 아닌, 아무런 거칠 것 없는, 오로지 나만을 위해 만들어진 광활하고 무한정한 시공을 살아간다는 착각에서 빠져나온 것은 나의 혼이 들어간 '섬진강 달마중' 우중 이벤트를 진행하면서다.

야외 행사는 일기의 도움이 절대적이다. 특히 달마

중처럼 전라全裸와 같은 장소에서 벌어지는 이벤트는 그 어떤 완벽한 준비라도 단 몇 방울의 비로 일시에 중단되는 사태가 발생할 수 있기 때문이다. 이날은 일기 예보가 완벽하게 빗나가고 새벽부터 급변하는 예보에 갈피를 잡지 못했다.

비가 오다 말다를 반복하기를 여러 번, 비가 오더라도 우중 달마중을 하겠다는 오기가 발동됐고 비옷을 입고서라도 행사를 강행해야겠다는 다짐이 섰다. 행사가 시작되자마자 몇 방울의 비가 내렸지만 나는 이미 완벽하게 준비됐으니 동요하지 말라는 멘트를 날렸다. 나의 이 확신에 찬 말에 60명이 넘는 참가자들은 미동도 하지 않았다. 믿음으로 믿음에 이르게 한 것이다. 덕분에 먹구름 찬란한 하늘을 머리에 이고 완벽한 달마중을 할 수 있었다.

우리가 이뤄낸 것은 단지 비와 비 사이의 틈새를 활용한 것이었다. '아, 우리는 이렇게 틈바구니 속에서 살아가는구나!' 이 철학적 확신을 가지게 한 예고 없는 비는 틈바구니 철학을 선물했다. 나는 참가자들에게 우리는 같은 '틈바구니' 속에 있었다고 말했다.

살면서 만나는 우여곡절은 줄기차게 내리는 비와

비 사이의 틈바구니처럼 좁고 좁은 간극 그 사이다. 협소한 틈새를 피하지 않고 즐기는 낙천성이거나 적극적 대응력이 어쩌면 우리가 운신할 수 있는 대부분의 공간이다.

틈바구니는 가급적 넓어야 한다. 공간의 틈바구니는 물론 시간도 그렇다. 두 가지 모두 인위적으로 넓히기가 쉽지 않다. 하지만 내가 살아가는 도시나 지역의 틈바구니는 내가 생각하기에 따라 무한정 확장 가능하다. 반대로 방 한 칸도 아닌 그 이하의 공간으로도 좁혀질 수 있다. 시간적으로 한평생이라는 틈새도 생각하기에 따라서는 수천 년의 시간적 공간으로 확대할 수 있다. 모두 관념이라는 지렛대를 사용할 수 있을 것인데 이 모든 것은 상상력이라는 도구를 통해서다.

좌충우돌하는 일기예보와 변덕스러운 날씨 덕에 거대한 틈새를 가진 틈새전략가가 되고 틈바구니 철학을 창시했다.

프리즘

        빛을 분광하여 우리가 볼 수 있는 빨주노초파남보 일곱 가지 무지개 색을 연출하도록 하는 도구는 프리즘이다. 프리즘이 없었다면 우리는 색맹이나 다름없다. 프리즘을 통과하는 가시광선은 각각의 파장에 따라 서로 다른 각도로 굴절하고 두 번의 굴절을 통해 분산된다. 분산된 가시광선은 파장에 따라 빨강에서부터 보라에까지 이르는 색을 띠게 되는데 이로 인해 우리가 볼 수 있다는 가시광선은 무지갯빛으로 나타난다.

  시인이나 화가나 예술가들은 하나의 프리즘이다. 자연이나 문학이나 우주로부터 인식되는 것들을 자기

만의 프리즘으로 분광시켜 시인은 시를, 화가는 그림을, 예술가들은 그들 나름의 일곱 가지 색을 분광해 내는 것이다. 같은 사물을 보더라도 완전히 다른 작품을 탄생시키는 것은 바로 각기 다른 프리즘을 가지고 있기 때문이다.

각기 다른 프리즘을 가지게 된 것은 태생적으로 다른 성향을 지니고 태어나기 때문이기도 하고 성장하면서 받아들여지는 자양분에 따라 다르게 구성된다. 그러니 지금까지 태어난 모든 인류는 모두 다른 프리즘을 가지게 된 것은 당연지사다. 인생의 외길에서 만난 사람과 그 길에서 맞은 비와 쬐인 태양과 천둥과 번개와 이슬과 줄 그으며 읽은 한 줄의 글에 따라 다른 사람이 된다.

자주 사람들을 안내하고 여행자들을 가이드하면서 하동의 산하와 지리산과 섬진강과 평사리와 꽃과 나무와 역사를 말하지만 내가 만나는 사람들에게 얘기하는 것은 결국은 내 속에 깊이 뿌리박힌 나의 프리즘을 통해 분광되는 나 자신이었음을 발견했다. 이 사실을 깨닫는 순간 소름이 돋았다. 내 자신을 그들 속에 깊이 심어 주고 있었던 것이다.

섬진강을 걸으면서 여행자들에게 하는 얘기들은 섬진강의 길이나 강우량이나 사는 동네의 숫자나 몇 개의 자치단체를 스쳐 지나가는 것이냐와 같은 수치적인 것이나 객관적인 자료들이 아니다. 내가 섬진강에서 건져 올렸던 시어들, 섬진강이 내게 속삭여 줬던 밀어들, 윤슬의 반짝거림, 십여 년 전에 섬진강 종주를 하면서 나와 섬진강이 일체가 됐던 그 비밀스러운 것들이었다. 같은 물을 먹어도 양이 먹으면 양의 젖이 되고 젖소가 먹으면 젖소의 젖이 되듯 각기 다른 성질의 것들로 화하며 내가 흠뻑 마셔버린 섬진강은 오롯이 내 성향의 자양분으로 토해지는 것이었다.

해설사들에게 강의하는 날 나는 나의 경험을 그대로 얘기했다. 나는 지리산과 섬진강과 평사리를 해설하는 것이 아니라 결국은 나를 해설하는 것이었다고. 여러분도 결국은 여러분이 해설하는 대상을 빌려서 자신을 해설하는 것이라고. 서로 다른 프리즘이라고.

이장학개론

　　　　　　9년간 마을이장을 역임한 강훈채
씨는 내가 본 최고의 이장이다. 그를 이장으로 만난 것
은 2016년 내가 악양면장으로 부임하면서다. 그해 5월
행복마을만들기 전국대회에 나가면서 본격적으로 마
을과 내가 연결 고리를 갖게 됐다. 1차로 경남도대회
에 동행하여 주민이 만들어 내는 몸짓에 흥미를 가지
게 됐다. 8월 전국대회는 아예 버스를 대절해서 대전
까지 주민들과 함께 출정했다. 결국 매계마을은 전국
1등을 따냈다.

　당시의 상황은 극적이었다. 1차 서면심사, 2차 현장
실사, 3차 도 대회 예선, 4차로 전국 시도별로 1개 마을

만 출전해 왕중왕을 뽑는 시간이었다. 시골에서 올라온 어머니들 중심의 합창단원 스무여 명은 막상 대회장에 도착하자마자 다른 마을 모습에 기가 죽어 발걸음조차 잘 떼지 못했다. 나는 로비에 다 모이게 하고 손에 손을 잡고 〈강강술래〉와 〈날 좀 보소〉를 크게 부르며 결코 외형적 모습에 굴하지 말자고 힘주어 말했다. 결국은 이장의 프리젠테이션과 어머니합창단의 공연은 무탈하게 마쳤고 매계마을은 전국 1등으로 대상을 받았다.

받은 상금 3천만 원으로 제주도로 여행을 다녀왔고 마을은 더욱 일치단결했다. 이후로 40억 원 이상의 정부자금이 마을에 투입돼 북카페, 마을레스토랑, 세미나실 등 주민복지와 기반시설을 확실하게 갖춘 마을이 됐다.

일선에서 선봉장은 강훈채 이장이었다. 강 이장이 없었다면 오늘의 매계는 좀 다른 모습이 됐을 것이다. 물론 마을 리더들과 주민들의 헌신적 지원은 강 이장이 일을 할 수 있었던 최고의 뒷받침이었다. 이장과 주민의 단합이 만들어 낸 결과다.

어느덧 강 이장은 9년간의 이장 임기를 마치고 야인

으로 물러나 있다. 그에게 후배 활동가들을 위한 강의를 부탁했다. 강의 제목을 아예 '이장학개론'으로 한정했다. 강 이장이 보내온 이장학개론은 이장이란 이렇게 해야 한다는 그만의 강직함이 물씬 풍겨났다.

이장에게 필요한 덕목은? 도덕성, 공정성, 인내심. 이장 임무 수행 시 고려해야 할 점은? 사심을 버려야 한다, 모든 주민에게 발언할 수 있는 기회를 주어야 한다, 마을 일에 우선을 둔다. 이장 임무 수행 시 가장 힘들었던 일은? 함께 일하는 운영팀에 대한 불신, 색안경을 끼고 보는 것. 이장이 되어서는 안 될 사람은? 사심이 있는 사람, 단순한 사람, 비전이 없는 사람. 이장직 수행 결과 보람은? 주민들을 위해 레드 카펫 깔고 나무를 심어 그 위에서 뛰놀고 과실을 따 먹을 수 있게 한 것.

강 이장이 하동군 활동가대학에 설 날이 다가오고 있다. 이장에서 교수로 성공적인 변신을 기대한다.

베이스캠프

고봉을 오르기 위해 반드시 필요한 것이 베이스캠프다. 연구자들에 의하면 세월이 갈수록 에베레스트와 같은 높은 산을 오르는 속도가 빠르고 성공률도 높은 것은 베이스캠프 덕분이라고 한다. 장비가 발달해 베이스캠프는 점차 고지대로 올라가게 됐고 이것이 등정을 용이하게 만들었다는 논리다. 한계를 넘을 수 있는 극한의 상황에 대한 물질의 진보가 만들어 낸 일이다.

하지만 세계의 지붕과 같은 히말라야나 알프스 등정의 성공은 단지 장비의 우수성만으로는 불가능하다. 운도 적잖은 역할을 한다. 결국 날씨인데 어떠한 혹한도 견뎌낼 수 있는 장비가 구비됐다고 하더라도 날씨가 도와주지 않으면 허사다. 사람의 운명도 이른바 '장비발' 도 중요하지만 더 중요한 것은 '운발' 이라 할 수 있다. 노력이 성공의 필수조건일 수 있지만 '장비발' 과 '운발' 을 이겨낼 방도가 없다.

장비와 날씨 다음은 산악인 몫이다. 평소 체력관리와 인내심, 등정에 필요한 기술, 등정대원들의 심리 안정과 리더십 등 복합적인 요소가 작용하게 된다. 1977년 고상돈 대장은 우리나라 최초로 에베레스트를 등정했다. 견고한 베이스캠프도, 첨단 장비도 제대로 갖추지 못했을 당시에 오로지 자신과 대원들의 피눈물 나는 투지에 의존했을 것이다.

6, 70년대 농촌의 필수장비는 지게였다. 어지간한 농사일은 대부분의 사람의 노동력으로 이뤄졌다. 어른들로부터 가끔씩 들은 말은 지게를 잘 지려면 지겟자리를 잘 봐야 한다는 것이었다. 지게에 짐을 실을 때나 짐을 져 나를 때 지게를 세워 둘 장소를 잘 선택해야 지게에 실린 짐이 쓰러지지 않게 되고 짐꾼도 쉽게 서고 앉을 수 있기 때문이다. '지겟자리가 좋아야 한다' 는 것은 하나의 경구가 됐는데 부모의 신분과 같은 자

신이 결정할 수 없는 '운발'과 같은 말로 통했다.

베이스캠프나 지겟자리는 내가 선택할 수 없는 경우가 많다. 과거에도 비슷했다. 부모와 태어나는 환경을 내가 선택할 수 없기 때문이다. 태어나니 억만장자가 되어 있을 수 있고 태어나니 가난뱅이였을 수 있다. 요즘 말로 금수저나 흙수저와 같은 말이기도 하다. 에베레스트 등정의 베이스캠프는 내가 선택할 수 있지만 인생의 베이스캠프는 선택의 여지가 없다. 철저한 '운발'이다.

성공으로 가는 인생 로드맵은 다름 아닌 첨단 장비가 갖춰진 베이스캠프 덕을 더욱 입게 됐다. 하지만 나의 베이스캠프는 농부의 아들, 원시적 자연환경, '장비발'이나 '운발'조차 먹혀 들어가지 못했던 곳이었다. 지금에 와서 보니 비교적 공정한 룰이 적용된 나의 든든한 베이스캠프였다.

잼데이

재즈에 잼〔jam session〕이라는 게 있다. 손을 맞춰보지 않은 연주자들이 즉석에서 즉흥적으로 연주하는 것이라 할 수 있을 것인데, 클럽 에반스에서 '어반잼데이'를 지켜봤다. 기타, 드럼, 건반, 베이스로 구성된 호스트 4인조 연주에 이어 2부에는 즉석에서 연주를 신청한 연주자들이 팀을 꾸려 연주를 했다. 대부분 학생과 청년 연주자들이었는데 보는 재미가 쏠쏠했다.

약간의 엇박자, 연주자들의 개성, 오고 가는 눈짓, 서툰 제스처… 애호박 같고 풋고추 같지만 펄떡이는 물고기처럼 생동감 넘치는 연주는 긴장감 돌게 하고 박진감 있게 만들었다. 네 명이 호흡을 맞춰야 하지만 그 와중에 흐름을 깨지 않는 상태에서 자신의 연주 실력도 보여줘야 하는 이중의 흐름에 자신을 녹여내야 했다.

잼 세션은 딸기잼처럼 맛있다. 약간 신맛, 달달한 맛, 간간한 맛…. 딸기잼만 해도 여러 가지 맛이 연상되듯 잼 세션은 아직까지 맛보지 않은 딸기잼 맛을 보는 것처럼 늘 새로운 맛이 연출된다. 같은 팀이라도 색다른 맛의 딸기 맛처럼 연주할 때마다 색다른 하모니를 이뤄 내는 것이 잼이다.

기타리스트 예찬과 드러머 기훈은 온라인으로 잼을 하기도 했다. 코로나19 훨씬 전이긴 했지만 각기 다른 장소에서 연습 중이었던 둘은 영상으로 연결해 호흡을 맞췄는데 마치 같은 장소에서 연주를 하는 느낌이 들 정도였다.

재즈의 재미는 즉흥성에 있다. 늘 연주하는 곡이라도 즉흥성에 기반을 둔다. 즉흥에 다른 즉흥이 가미하여 새로운 멜로디와 하모니를 만들어 낸다. 그렇게 하기로 이미 약속이 된 것이다. 그러니 예측 불가능하다. 예측 불가능하다는 것은 충분히 예측이 가능하다. 아니 그렇게 약속하고 시작한다. 그러기 위해서는 커뮤니케이션이 필수적이다. 이들은 자기 연주에 몰입하지만 서로 연결되어 있다. 때로는 눈빛으로 교감한다. 고개 끄덕임으로, 몸짓으로 서로 대화를 한다.

기타리스트 예찬에게 물었다. 잼에서 가장 중요한 것은 무엇이냐고. 서로 듣기라고 했다. 내 연주에 몰입하되 상대의 연주에도 귀를 기울여 서로의 조합을 이뤄가는, 나서지도 않고 뒤처지지도 않고 서로 병행해서 나아가는 리듬과 멜로디다. 때로는 상대에게 시간과 자리를 내어준다. 그때는 가만히 듣거나 물끄러미 바라만 볼 뿐이다.

네 명 모두 연주를 하지만 한두 개 악기 소리는 들리지 않을 때가 있다. 잔잔히 받쳐만 주기 때문이다. 그때는 더욱 몰입해서 듣는 시간이다. 객석의 관객도 마찬가지다. 연주자도 관객도 듣기에 집중하는 시간이다. 잼데이는 듣는 시간이다.

기상캐스터와
간부

초판 발행 ┃ 2023년 12월 1일

지은이 ┃ 조문환
펴낸이 ┃ 신중현
펴낸곳 ┃ 도서출판 학이사

　　　　출판등록 : 제25100-2005-28호
　　　　주소 : 대구광역시 달서구 문화회관11안길 22-1(장동)
　　　　전화 : (053) 554~3431, 3432
　　　　팩스 : (053) 554~3433
　　　　홈페이지 : http : // www.학이사.kr
　　　　이메일 : hes3431@naver.com

ISBN _ 979-11-5854-473-7　03330